はしがき

　やさしく学べるシリーズとして,「申告・記帳入門」,「簿記・経理」,「連結会計」を上梓させていただいてきた。お蔭様で, 手前味噌だが, 好評を博し, 各種セミナーでも活用させていただいている。今回は,「経営分析」である。

　一連のシリーズ同様, 今回もわかりやすく, 丁寧に初学者の方でも, やさしく「経営分析」を学べるように, 記述を試みた。

　経営分析をテーマに講演やセミナーを担当すると, 受講生の方々は, すぐ各公式を暗記しようとする。自分自身, 経営分析の公式など, 暗記したことがない。仮に, 資格試験の合格を目標としよう。財務諸表（決算書）の読み方が基本的にわかり, 経営分析の基礎概念と構造が理解できれば, 十分, マスターできるはずだ。本著も, かかる趣旨に則って, 記述されている。

　ましてや, 実務家の方々は, 公式を見ながら, 分析しても構わない。計算ソフトに公式（関数）を入力してしまえば, 自動計算してくれる。大切なのは, 計算された数値の意味の理解だ。経営分析の本質に迫ることである。

経営分析の本質は，比較性にある。自社における期間ごとの比較，同業他社の同規模の企業との比較。比較することで，自社がどんな点で優れているのか，劣っているのか。収益性か，財務安全性か。では，何故なのか？　対策はどうすべきなのか？　これらの観点から，経営分析の結果を，マネジメントサイクル(plan-do-see)に織り込み，経営革新を図るのである。

　個人生活に鑑みても，経営分析の知識は今後，必須となろう。401Kプランの導入と共に，自己責任の下に，債券，株式，投信で企業年金・退職金を運用する時代が到来する。あるいは，就職活動時に，インターネットで就職希望の企業財務データを入手し，成長性を分析する。当たり前の光景となろう。

　本著が，読者の皆様の経営分析の学習の端緒，助力となれば，著者として幸いである。なお，今後とも，経理・経営・税務に関する書籍を「やさしく学べる」シリーズとして，随時刊行していきたいと考えている。かかる書籍を利用して，実務セミナー(オーダーメイド可能)を弊社で実施しているので，ご関心のある方は，次頁まで，ご連絡いただきたい。

　最後に本著を上梓する機会を下さった(株)税務経理協会社長，大坪嘉春氏，税経セミナー編集部，石田博文氏，砂田由紀氏，協力を願った会計士補，中村功児氏に心から謝辞を，この場をお借りして申し上げる次第である。

2001年1月吉日

　　　　　　　　　　　（株）マネジメント・ソリューション
　　　　　　　　　　　　　　　出版事業部
　　　　　　　　　　　公認会計士・税理士　瀬戸　裕司
　　　　　　　　　　　公認会計士・税理士　浅川　昭久

　　E-MAIL　solution@management.co.jp
　　HOMEPAGE　http://www.management.co.jp

本書の特徴

● やさしく学べる「日商簿記」シリーズの姉妹本

……（株）税務経理協会から，弊社著作で出版させていただいている「やさしく学べる日商簿記」シリーズの姉妹本です。経営分析の学習では，ある程度の財務諸表の理解が前提となりますので，最低限の簿記の知識が不可欠です。「やさしく学べる日商簿記，ＣＤ―ＲＯＭ」シリーズも併用されることをお勧めいたします。

● 平易な記述と事例分析の多用

……経営分析の知識がない方にとってもわかりやすいように，なるべく平易な文章で解説しております。また，分析の指標の説明の後で，実際に事例分析を行うことで，より実践的な指標の理解ができるようになります。

● 対話文で学習内容を明確化

……各章の初めと終わりに，対話文を挿入しました。「はじめに」では，その章で学ぶことを明確にし，「おわりに」では，その章で学んだことを再度確認しています。ユーモアのある対話文により，各章の学習内容を明確にするとともに，楽しみながら学習ができるように工夫をこらしています。

● 実務に役立つ「経営分析」

　……本書は、これまで行ってきた「初めて学ぶ経営分析の基礎と活用法」「連結経営時代の経営分析の基礎と活用」という講演の内容を要約したものであります。セミナーに参加された方々の声も反映し、経営分析のポイントを詰め込んだ中身の濃いものとなっております。

●「豆知識」でさらに実務的

　……随所に「豆知識」を挿入しております。本文の中では、直接出てこないが関連する論点や、少々細かいと思われる内容については、ここで解説してあります。「経営学」の学習では得られない、より実践的な内容を知ることができます。

目 次

やさしく学べる 経営分析

登場人物紹介

第1章 経営分析の基礎知識

はじめに ………………………………………………………… 2

1. 経営分析は何のために必要か？ ────────── 4

2. 経営分析の体系を大きくつかむ ─────────── 6

3. 経営分析の基礎となるデータについて ─────── 7

4. 経営分析の見方・考え方 ──────────────── 9
   1 経営データへの切り込み方 ………………………… 9
   2 分析者別の観点 ……………………………………10
   おわりに ………………………………………………………11

第2章 決算書の構造を知る

はじめに …………………………………………………………14

1. 貸借対照表（B/S）の構造と読み方 ────────16

2. 損益計算書（P/L）の構造と読み方 ────────20

1

3. 貸借対照表と損益計算書の関連性	23

おわりに ……………………………………………………25

第3章　経営分析の体系

はじめに ……………………………………………………28

1. 比率分析の全体像	30

おわりに ……………………………………………………31

第4章　収益性分析

はじめに ……………………………………………………34

1. 収益性分析の全体像〜儲かる企業を見抜く	36

2. 収益性のイメージ	38

3. 資本利益率〜少ないお金で大きな利益を生む会社を見抜く	39

❶ 総資本経常利益率 ……………………………………39
❷ 自己資本経常利益率 …………………………………41

4. 売上高利益率〜利幅のよい会社を見抜く	44

❶ 売上高売上総利益率 …………………………………44
❷ 売上高営業利益率 ……………………………………45
❸ 売上高経常利益率 ……………………………………46

5. 資本回転率〜効率よく売上を獲得する会社を見抜く	48

6. 損益分岐点分析〜不景気に強い会社を見抜く	49

〔事例分析を実際にやってみよう！〕 ……………………………55

7. 成長性分析を表す指標の意味と活用法 — 59
- ❶ 成長性の考え方 …………………………………59
- ❷ 自己資本成長率 …………………………………60
- ❸ 売上高成長率 ……………………………………61
- ❹ 経常利益成長率 …………………………………61

〔事例分析を実際にやってみよう！〕 ……………………………62

おわりに ………………………………………………………66

第5章 効率性分析

はじめに ………………………………………………………68

1. 効率性分析の全体像 — 70
2. 効率性分析の考え方 — 72
3. 回転率の求め方 — 73
4. 回転率と回転期間 — 75
5. 総資本回転率 — 78
6. 売上債権回転率 — 81
7. 棚卸資産回転率 — 82
8. 固定資産回転率 — 84

〔事例分析を実際にやってみよう！〕 ……………………………84

おわりに ………………………………………………………94

第6章 安全性分析

はじめに …………………………………………………98

1. 安全性分析の全体像～倒産しそうな企業を見抜く ── 100

2. 安全性のイメージ ───────────────── 102

3. 流動比率 ────────────────────── 103

4. 当座比率 ────────────────────── 105

5. 自己資本比率 ──────────────────── 107

6. 固定比率 ────────────────────── 109

7. 固定長期適合比率 ───────────────── 110

〔事例分析を実際にやってみよう！〕……………………111

おわりに …………………………………………………122

第7章 キャッシュ・フローの分析

はじめに …………………………………………………126

1. キャッシュ・フロー計算書とは ─────────── 129

2. 三つに区分される資金収支とその意味 ─────── 132

　① 営業活動によるキャッシュ・フロー …………………132
　② 投資活動によるキャッシュ・フロー …………………132
　③ 財務活動によるキャッシュ・フロー …………………133

3. キャッシュ・フローを利用した分析 ──────── 136

目　次

4. キャッシュ・フローマージンの分析 —— 137
- ❶ 営業ＣＦマージン …………………………………137
- ❷ 営業ＣＦ当期純利益率 ……………………………137
- ❸ 総資本営業ＣＦ比率 ………………………………138

5. キャッシュ・フローの使途分析 —— 139
- ❶ 設備投資比率 ………………………………………139
- ❷ 投資ＣＦ比率 ………………………………………139

6. キャッシュ・フローによる安全性分析 —— 140
- ❶ 営業ＣＦ対流動負債比率 …………………………140
- ❷ 営業ＣＦ対固定負債比率 …………………………140

7. キャッシュ・フローによる株価分析 —— 141
- ❶ １株当たり営業ＣＦ ………………………………141
- ❷ 配当金対営業ＣＦ …………………………………141

〔事例分析を実際にやってみよう！〕………………………142

おわりに ……………………………………………………149

第８章　連結財務諸表の分析

はじめに ……………………………………………………152

1. 連結財務諸表分析の体系 —— 154

2. 金額による増減分析 —— 156
- ❶ 総資産の増減 ………………………………………156
- ❷ 売上債権・買入債務の増減 ………………………157
- ❸ 棚卸資産の増減 ……………………………………157

- ④ 貸付金・借入金の増減 …………………157
- ⑤ 固定資産の増減 …………………158
- ⑥ その他の剰余金の増減 …………………158
- ⑦ 売上損益項目の増減 …………………158
- ⑧ 営業費項目の増減 …………………158

3. 比率分析 — 160

- ① 連単倍率 …………………160
- ② 資本利益率の比較 …………………160
- ③ 売上高売上総利益率の比較 …………………161
- ④ 資本回転率の比較 …………………161
- ⑤ 流動比率の比較 …………………161
- ⑥ 固定長期適合比率 …………………161

〔事例分析を実際にやってみよう！〕 …………………162
おわりに …………………169

第9章　業界平均や他社との比較で学ぶ

はじめに …………………172

1. 指数化して自社の実力を知る — 173

2. 業界の成長性を知る — 175

おわりに …………………176

第10章 財務数値に表れない要因について

はじめに …………………………………………………… 178
1. 従業員の実力 ── 179
2. インフレ状況下の財務諸表 ── 180
3. 経営者について ── 181
4. 株主の構成 ── 182
5. 商製品の流れ ── 183
❶ 購　　買 ……………………………………………183
❷ 販　　売 ……………………………………………183
6. 保証債務 ── 184
7. 環境問題 ── 185
おわりに ……………………………………………………186

索　引 …………………………………………………………188

登場人物紹介

本書では,各章の初めと終わりに各章の概要を対話文形式で解説しています。登場人物は次のとおりです。

先生:東京新宿区は神楽坂に会計事務所をもつ公認会計士。自他ともに認める経営分析のスペシャリスト。昔は,某大手監査法人で世界を股にかけて活躍したとか,しないとか…。

部長:某大手企業に30年勤めるベテラン営業部長。いわゆる「たたきあげ」のやり手で,いつも部下に「ばっかもーん」と怒鳴り散らしている。でも財務は苦手。本人いわく,昔経理の勉強をしたことはあるそうだが…。

新人:今年から某大手企業で勤めることになった新入社員。今回なぜか部長と一緒に二人で経営分析の講義を受けることになった。学生時代は合コンと麻雀に明け暮れたダメ学生。なぜ内定を採れたかが大きな疑問。口の悪さには定評も…。

第1章
経営分析の基礎知識

第 1 章

経営分析の基礎知識

はじめに

部長：さて，新人くん。君も一企業人として経営分析を勉強することになった。用意はいいかな？

新人：はい！　でも，経営分析っていうとなんだか難しそうな気がするんですが…。僕にでもわかりますかねぇ。

部長：うむ。確かにそのとおりだ。わたしから言うのもなんだが，誰にでもわかるってもんでもないぞ。

新人：やっぱり…。

先生：いや，そんなに難しいものでもないですよ。経営分析というのは，簡単に言うと，会社の健康状態を知ること，つまり「診察」みたいなもんですから。

新人：診察ですか？　何だか人間みたいですね。

先生：そう，人間でも健康な人とそうでない人を見分けるために，医者が診察をしますね。会社にも健康な会社とそうでない会社があります。それを見分けるために行うのが経営分析ってわけです。

部長：そう言えば，最近では有名な大企業でも倒産することがありますね。健康ではなかったということですか。

先生：そうです。健康でない会社が倒産するのです。健康でない会社は倒産する前に何らかのシグナルを発しますが，逆に健康な会社はそのようなシグナルを発しません。経営分析によれば，このようなシグナルを見抜くことができるというわけです。

第 1 章 経営分析の基礎知識

新人：倒産する時は，よく報道で「メインバンクが見放した」なんて言いますよね。銀行がもうお金を貸さないと決める場合には，経営分析を行ってそのシグナルっていうのを読み取っているってことですか。

先生：そのとおり！　でも，経営分析は銀行だけのものではありません。

部長：それは，私どもでも自分の会社についての分析をするし，弊社に出資してくださる株主や取引先の方なども経営分析をしているということですか。

先生：おっしゃるとおりです。また，経営分析を行うにしても，その手法，目的，利用するデータも色々あるわけです。

部長：なるほど。よくわかりました。新人くん，君もよくわかっただろう。ね？　さ，先生，話を先に進めちゃってください。

新人：ち，ちょっと，ちゃんと教えてくださいよ。

部長：あとは自分で勉強できるだろう。さ，先生，次にいきましょう，次に。

先生：まぁ，まぁ，そんなにあせらなくても…。どんな勉強でも基礎知識は非常に重要ですから，きちんと学習していきましょう。

新人：よろしくお願いします。

1. 経営分析は何のために必要か？

　人間であれば，その人に活力があり健康で，今まさに伸び盛りの状態にあるのか，あるいは，元気がなくやる気を喪失し，沈滞状態にあるのかなどは，ある程度外観で判断することができます。また，他人に仕事を頼む場合，相手がどんなに元気でやる気があり，これからどんどん働きますと主張していても，顔色が悪く目に隈を作っているなどといった場合には，本当に大丈夫なのかと心配になるのではないでしょうか。

　これに対して，会社の場合はどうでしょうか。青息吐息の会社であっても，ビジネス街にオフィスを構え，豪華な会社案内パンフレットを提示されたら伸び盛りの会社なのかと外面的には思ってしまうのではないでしょうか。

　また，経営者の中には，自分の会社がなぜ儲からないのか，つまり会社が大きな病気に感染しているにもかかわらずそのことに気づかない人もいます。

　このように，会社の健康状態は，人間のようには外面に現れにくいので，何かの道具を利用して定期的に検診をしておくことが望ましいわけです。この道具の一つが，経営分析という手法なのです。

　本書では，経営分析の中でも最も重要な財務諸表の分析を中心に扱っていきます。つまり，会社の決算書をもとに会社の健康状態を判断していこうというわけです。この決算書の分析をとりあげて「財務分析」と呼ぶこともあります。

ただし，経営分析という道具だけで会社の健康状態を知ることができるわけではないということに注意してください。というのも，経営分析は貸借対照表や損益計算書等の会社の決算書を基に実施するため，決算書で数値化されない情報の評価ができないからです。この点については，「第10章　財務数値に表れない要因について」（☞P. 177）で，代表的ないくつかの観点を示しています。

2. 経営分析の体系を大きくつかむ

経営分析 ・・・・ ┤ 収益性（成長性）分析
効率性分析
安全性分析
利益処分・資本と株価の分析
キャッシュ・フローの分析

　経営分析にはどのような種類があるのか，大まかに理解しましょう。細かい内容については，この後の章で順次記述されています。また，この中で興味のある分析手法がある場合には，その手法を記述している章から読んでください。

　なお，企業の付加価値を分析の対象とする生産性の分析については，本書を経営分析の入門書と位置づけているため，難易度と実務上の使用頻度の観点から取り上げておりません。

3. 経営分析の基礎となるデータについて

　ここでは、経営分析を実施する場合のデータについて、どのような経路で入手することができるかを考えてみたいと思います。自分の会社の分析をするのであれば、欲しいデータを容易に入手できますが、全く外部の会社の場合にはそうはいきません。では、どうすればよいのでしょうか。

　それぞれの会社について整理すると、次の表のようになります。上場会社のように株式を公開している会社については、さまざまなデータを外部の第三者でも入手することができます。有価証券報告書は、財務諸表だけではなくさまざまなデータが記載されており分析には非常に役立つと思われます。この有価証券報告書は、政府刊行物センターや大手の書店等で購入できます。

　これに対して、非公開会社になると情報の入手経路が狭まってしまいます。商法上は毎年、貸借対照表（資本金５億円以上又は負債総額200億円以上の大会社は損益計算書も含む）が、官報か日刊紙に公告されることになっています。しかしながら、現実的には多くの中小会社が実施していないものと思われます（商法上は罰則規定があるのですが……商法498条１項２号）。したがって、株主か債権者になっていなければ個人的若しくは取引上の付き合いの中で入手する以外にないでしょう。その他には、いわゆる調査会社等から経営データを入手するということも考えられます。

対象会社	入手立場	入 手 方 法
公開会社	一　般	①有価証券報告書の入手 ②公告された貸借対照表の入手 （商283③）
	株　主	①計算書類等の入手（商282②，283②） ②帳簿閲覧権の行使（持ち株割合が100分の3以上）（商293ノ6①）
	債権者	①計算書類等の入手（商282②）
非公開会社	一　般	①公告された貸借対照表の入手 （商283③）
	株　主	①計算書類等の入手（商282②，283②） ②帳簿閲覧権の行使（持ち株割合が100分の3以上）（商293ノ6①）
	債権者	①計算書類等の入手（商282②）

4. 経営分析の見方・考え方

1 経営データへの切り込み方

　経営分析を実施する段階になって，入手した経営データについてむやみやたらと比率の計算をしても意味がありません。それぞれ，目的と方向性を絞って分析を実施していくことが効果的です。これを整理したのが下記の表です。細かい内容については，それぞれの章でみていくことになりますが，経営分析を実施する場合に重要なことは，何のためにどのような分析手法を選択するかということなのです。

分析の目的・方向性	分析の手法
・利益を稼げる体質になっているのかどうか	収益性分析
・将来の利益拡大がどの程度期待できるのか	成長性分析
・支払不能で倒産しないように資金が用意されているかどうか	安全性分析
・現在の株価の水準は高いのか低いのか	利益処分・資本と株価の分析
・企業のキャッシュ・フローの状況は良好かどうか（長期・短期）	キャッシュ・フローの分析

2 分析者別の観点

各立場から経営分析を実施する場合，どのような目的が中心になるかを考え，その目的に応じた分析手法を選択することになります。これを，整理したのが次の表です。

立　場	分　析　内　容
企業経営者	収益性，成長性，安全性，利益処分・資本，キャッシュ・フローなどを総合的に分析して企業拡大に結びつける。
株主・投資家	自らの投資に対して，元本を失うことなく将来にわたり最大の報酬を得るために収益性，利益処分，キャッシュ・フローに対する分析を実施する。
金融機関・債権者	貸付金や売掛金などの債権に対する支払いがなされるかどうかが重要であり，短期的には安全性，キャッシュ・フロー，長期的には収益性に注目することになる。
営業担当者	現在は小さい会社であっても将来大きくなる可能性がある会社には継続してアプローチをしておくことが必要である。よって，企業の収益性，成長性，キャッシュ・フローなどに注目すべきである。また，既存の得意先については金融機関・債権者と同様に支払能力を分析すべきである。

その他の分析者　まめ知識

上記以外でも，例えば，民間信用調査機関や格付け会社が企業の実力を評価する場合・従業員や就職活動中の者が会社の安定度・成長性を見る場合・経営コンサルタントが経営者の依頼を受けて経営上の問題点を発見する場合等にも経営分析を行います。　まめ知識

第 1 章 経営分析の基礎知識

おわりに

先生：以上が、経営分析の基礎知識です。いかがでしたか？

部長：いやー、やはり基礎知識は大事ですね。

新人：んもー、話を先に進めちゃってください、なんて言ってたくせに。

部長：何か言ったかね？

新人：い、いえ。私もそう思いました。ただ、思ったよりも難しくなかったです。

先生：まあ、基礎知識ですからね。特に覚えたり、暗記するような事項はないですけど、しっかりと理解をして欲しいところです。

部長：おっしゃるとおりですね。君もしっかりと理解するんだぞ！

新人：はいはい。

部長：「はい」は1回！

新人：はぁーい。

先生：ははは。ともかく、いきなりは無理ですから少しずつ話を進めていくわけですが、その前にもう少し基礎をみていきましょう。基礎は重要ですからね。

部長：また基礎ですか！

新人：基礎知識は大事なんでしょ？　部長。

部長：はいはい…。

新人：「はい」は1回！

部長：……。

第2章
決算書の構造を知る

第 2 章

決算書の構造を知る

はじめに

先生：第1章では経営分析の基礎知識として，経営分析とは何だろうということを勉強しました。今回は決算書について勉強します。

部長：決算書というと，損益計算書とか貸借対照表とかですか？

先生：そうです。

部長：あぁー，それなら大丈夫。企業人なら常識として知っていなければならないことだから。

先生：ほう，部長さん，いいことをいいますね。確かに企業人なら常識として知っていなければいけないことですね。

新人：僕はあまり知らないんですけど…。数字は苦手ですし。

部長：かぁーっ！ 全く最近の若いもんは！ 勉強が足りんぞ，勉強が。

先生：まあまあ，まずは分析の第一歩というところですね。経営分析は主に決算書のデータを加工して会社の健康状態を診断していきます。ですから決算書の中身を知らなければ，経営分析をしようにもできないってわけです。逆に，決算書の構造がわかれば経営分析もそれほど難しいものでもありませんよ。

部長：そうだ。先生のおっしゃるとおりだ。先生，ここは未熟な新人のためにも丁寧に教えていただけますか？

第 2 章

決算書の構造を知る

先生：わかりました。

新人：よろしくお願いします。がんばります。ところで部長，損益計算書ってなんですか？

部長：むむっ，いいところに気が付いたねぇ，君。損益計算書ってのは，あれだ，その，確かＰＳとか言われてて…。

新人：部長，ＰＳはゲーム機ですよ。

部長：あぁ，そうだったそうだった。確かＰＭだったかな。

先生：…それでは，お二人のために説明しましょう。

第 2 章

決算書の構造を知る

1. 貸借対照表（B/S）の構造と読み方

　まず，貸借対照表（B/S：Balance Sheet）についてです。ここでは，貸借対照表の意味，資産・負債・資本の関係，表示上の分類の意義等を通じて，貸借対照表（B/S）の読み取り方を理解してください。

　貸借対照表とは，企業の財政状態を示す表です。借方（左側）は，資本の運用状態，貸方（右側）は，資本の調達源泉を示しています。運用状態とは，どのような形で資金を利用しているのかということで，具体的には，現金・株・土地・車などがあげられます。また，調達源泉とは，どのように企業が資金を調達してきているかということです。例えば，株主からの出資なのか，借入金・社債・手形・掛なのかということです。

　個人にあてはめて考えると，貸借対照表は，健康診断書にたとえられます。つまり，貸借対照表によって，会社の健康状態がわかるわけです。では個人は，健康診断書をどのような時に利用するでしょうか。例えば，入学や就職時などが考えられます。これは，学校の先生や人事担当者が，貴方の健康状態を知りたいからです。

　会社の貸借対照表も同じです。銀行や債権者は，会社の支払能力を知りたいでしょう。投資家や株主は，自分が出資したお金がどのように運用されているのか関心があります。従業員の人たちは，ボーナスや福利厚生の原資があるのか見たいでしょう。

このような各種利害関係者の関心に応える会社の健康診断書が貸借対照表なのです。

資産・負債・資本の関係

> 資産＝負債＋資本

資産の金額は，負債と資本の金額を合計したものです。右辺では，この企業がどのように資金を調達しているかがわかります。そして，その調達した資金を何に利用しているのかが左辺でわかります。したがって，その趣旨からも調達した資金は使途と一致しますので，上記の等式が成り立ちます。

この等式は一般に，貸借対照表等式と呼ばれます。

表示上の分類の意義

> 資産 ➡ 財産・物・権利などを示します。
> 負債 ➡ 株主以外の第三者に対する支払義務を示します。
> 資本 ➡ 株主の拠出金や今までに企業が獲得した利益（損失）の累計額を示します。

第2章

決算書の構造を知る

勘定式　貸借対照表

貸借対照表
平成×年×月×日

××（株）　　　　　　　　　　　　　　　　　　　　（単位：円）

資産の部	負債の部
Ⅰ　流動資産	Ⅰ　流動負債
現　金　預　金	支　払　手　形
受　取　手　形	買　　掛　　金
売　　掛　　金	短期借入金
有　価　証　券	⋮
繰　越　商　品	
⋮	Ⅱ　固定負債
	長期借入金
Ⅱ　固定資産	社　　　債
1.　有形固定資産	⋮
建　　　物	
備　　　品	資本の部
⋮	Ⅰ　資　本　金
	Ⅱ　資本剰余金
2.　無形固定資産	1.　資本準備金
営　　業　　権	2.　その他資本剰余金
借　　地　　権	Ⅲ　利益剰余金
⋮	1.　利益準備金
	2.　任意積立金
3.　投資その他の資産	3.　当期未処分利益
投資有価証券	
子会社株式	
⋮	
Ⅲ　繰延資産	
社債発行差金	
社債発行費	

流動性配列法と固定性配列法

 前頁の貸借対照表では，資産の部については，換金性の高いものから低いものへ順次並べられており，また，負債の部についても，支払期限の短いものから長いものへ順次並べられています。

 このように，資産を，流動資産から初めて，順次固定的なものへと配列し，負債についても，流動負債・固定負債の順序で配列する方法を流動性配列法といいます。これは企業の支払能力を明らかにするのに便利です。

 しかし，流動性配列法とは反対に，資産を固定資産から初めて，順次流動的なものへと配列し，負債についても，固定負債・流動負債の順序で配列する方法もあります。これを固定性配列法といいます。固定性配列法は固定資産を比較的多額に有するガス・電気事業などを営む企業に適した配列法です。

 わが国では，原則として，流動性配列法によることと定められています。

2. 損益計算書(P/L)の構造と読み方

次は，損益計算書（P/L：Profit and Loss Statement）の構造です。収益と費用とは何か，また，各段階で計算される利益概念は，何を意味するのか等を理解して，損益計算書の読み方を確認してください。

損益計算書とは，企業の経営成績を示す表です。収益から費用を差し引くと利益（損失）が計算されます。それぞれの収益から，費用を差し引かれた利益には，固有の意義があります。

収益とは，売上・受取配当金・受取利息・雑収入等の収入が期待できるものです。また，費用とは売上原価・人件費・販売経費・管理費・支払利息等の収益獲得のために貢献する支出と減価償却等の計算上のコストになります。

次に損益計算書ですが，この表は学校の成績表にたとえられます。学校の成績表をみると，主要5科目と主要外科目等で，その捉え方が異なってきます。やはり，主要5科目の成績がよいと，優秀であると見られる傾向が強いでしょう。主要外の科目が，優秀だと情緒面が豊か，健康的，文化的等の評価を得るでしょう。またボランティア活動，クラブ活動等が優秀であれば，優しい内面，個性的等の能力判断がなされると思います。

同じように，企業の損益計算書も，企業の活動内容を区分して段階的（営業活動・営業外活動・特別な活動）に利益を計算し，各活動による成績が明瞭になるように作られています。営業利益は，売

第 2 章

決算書の構造を知る

上から売上原価・販売費及び一般管理費を差し引いたもので、企業の本業である営業活動の成果を示しています。次に、営業利益に、営業外収益を加算し、営業外費用を差し引くと経常利益が求まります。これは、「けいつね」等と呼ばれ、企業の正常収益力を示す指標として利用されます。さらに、経常利益に、特別利益を加算し、特別損失を控除すれば、当期純利益が算出されます。当期純利益は、企業の総合的な収益力を示しているといえます。

経営分析をする上で、損益計算書の利益構造、読み方を理解することは、「第4章 収益性分析」(☞P.33)で非常に重要なポイントです。特に、各利益概念の本質を理解しておいてください。
上記の概念をまとめると次のようになります。

収　　益 ➡ 売上・受取配当・受取利息・雑収入
費　　用 ➡ 売上原価・支払利息等、収益獲得のために貢献
　　　　　するもの
損益計算書等式 ➡ 収益－費用＝利益（損失）
営業利益 ➡ 営業利益＝
　　　　　売上－売上原価－販売費及び一般管理費
　　　　　企業の営業活動の成果を示す。
経常利益 ➡ 経常利益＝営業利益＋営業外収益－営業外費用
　　　　　企業の正常的な収益力を示す。
当期利益 ➡ 当期利益＝経常利益＋特別利益－特別損失
　　　　　企業の総合的な収益力を示す。

第2章

報告式　損益計算書

損　益　計　算　書

××（株）　自平成×年×月×日　至平成×年×月×日

（単位：円）

Ⅰ　売　　　上　　　高	
Ⅱ　売　　上　　原　　価	
1．期首商品棚卸高	
2．当期商品仕入高	
計	
3．期末商品棚卸高	
売　上　総　利　益	
Ⅲ　販売費及び一般管理費	
1．販　　　売　　　費	
2．一　般　管　理　費	
3．貸倒引当金繰入	
4．建物減価償却費	
5．備品減価償却費	
6．貸　倒　損　失	
営　業　利　益	
Ⅳ　営　業　外　収　益	
1．受　取　利　息	
Ⅴ　営　業　外　費　用	
1．支払利息割引料	
2．社　債　利　息	
3．社債発行差金償却	
経　常　利　益	
Ⅵ　特　別　利　益	
1．貸倒引当金戻入	
Ⅶ　特　別　損　失	
1．固定資産売却損	
税引前当期純利益	
法人税等充当額	
当　期　純　利　益	
前　期　繰　越　利　益	
当　期　未　処　分　利　益	

決算書の構造を知る

3. 貸借対照表と損益計算書の関連性

　次に貸借対照表と損益計算書の関連性をみてみましょう。

　企業が経営活動を行った結果として純財産が増加した場合，それに見合った利益が稼得されたことになります。しかし，この利益がどのような原因によって稼得されたかは貸借対照表からは読み取ることはできません。それは，貸借対照表が会計期間の期首と期末の差額によって利益を計算する構造となっているからです。これに対し損益計算書では，財産を増加させる原因となる収益と財産を減少させる原因となる費用との両者を表示し，その差額を計算します。したがって損益計算書では，利益がどのような原因によって稼得されたのかを知ることができるのです。

　こうして，貸借対照表と損益計算書のそれぞれで計算された利益の金額は必ず一致します。これは損益計算書が貸借対照表の変化した原因を示すものだからです。そして次頁のように，損益計算書は期首貸借対照表と期末貸借対照表を結び付ける役割をもっているのです。

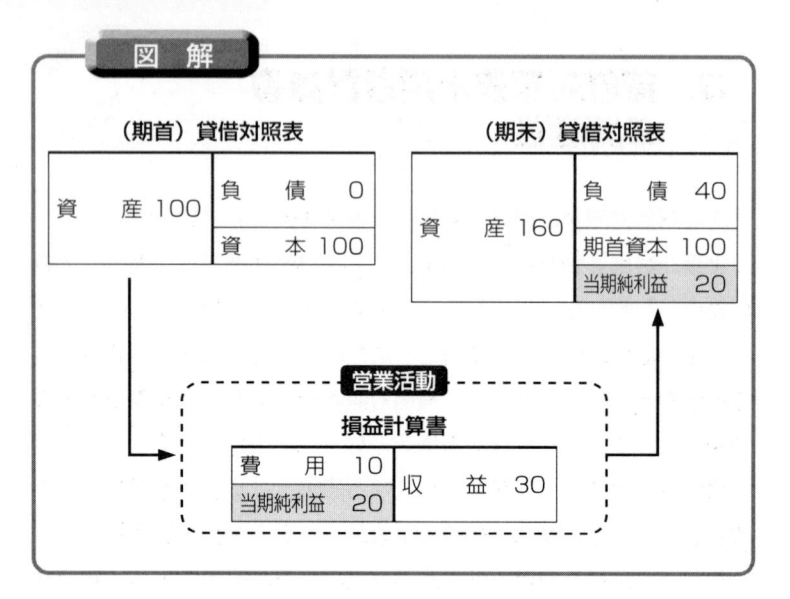

第 2 章

決算書の構造を知る

図 解

(期首) 貸借対照表

資 産 100	負 債 0
	資 本 100

(期末) 貸借対照表

資 産 160	負 債 40
	期首資本 100
	当期純利益 20

営業活動

損益計算書

費 用 10	収 益 30
当期純利益 20	

第2章 決算書の構造を知る

おわりに

先生：決算書がどういうものか理解できました？

新人：とても難しかったです。

先生：そうですか。簿記や経理を学んだ人にとってはそれほど難しいものではないんですけど…。

部長：もしかしたら，君はまだ先生の著作「やさしく学べる簿記・経理」を読んでいないのか！

新人：は，はい。いずれ読もうと思ってたんですけど…。

部長：かぁーっ！ 全く最近の若いもんは！ 勉強が足りんぞ，勉強が。

新人：…そればっかり。

先生：まあ，部長さん。無理強いは駄目ですよ。できれば，できればで結構です。読んでみてください。きっと決算書への理解が深まると思いますので。

　あとから少しずつ具体的な財務分析の手法を見ていきますが，そのつどここのところを思い出すといいですよ。「やさしく学べる簿記・経理」もそのつど読んでくれれば結構です。

新人：わかりました。今から買いに行ってきます。ところで部長，損益計算書ってなんでしたっけ？

部長：だからＰＳだろ。あれ，ＰＭだっけ。

先生：……。

第3章
経営分析の体系

第 3 章

経営分析の体系

はじめに

先生：今回は，経営分析の全体像をみてみましょう。

新人：それだけでいいんですか。それなら今回はあまり苦労しなくて済みそうですね。

部長：うむ，そうだな。先生！　今回はチャッチャッとやって，パッパッと終わりましょう。先生もお疲れのようですし…。それとも，たまにはパァーっと夜の町にでもくりだしますか！

先生：部長さん。そのような考えはいけませんね。いや，夜の町ってのはいいと思うのですが(笑)。経営分析を行うにあたっては，何のためにその分析手法を用いるのかを理解することは非常に大切です。そのためには全体像をしっかり把握しておかなければなりません。つまり，全体像は経営分析を行う場合の「地図」の役割を果たすことができるので，しっかりとやって欲しいってことです。

部長：ははぁ，なるほど。そうとは知らず大変失礼しました。

先生：ははは，わかっていただけましたか。それでは例えば，資本回転率は何のために計算するかわかりますか？

部長：んー，確か効率性…。

先生：その通りです。どのように資本回転率を求めるのかというのも確かに大切なんですが，もっと重要なことは，効

率性を分析するための手法であるという点を押さえることです。

　繰り返し何度でも言いますよ。分析の手法を学ぶと，数字を出すことが目的になってしまう人をよく見かけますが，おかしな話です。分析の手法は，あくまでも目的があっての手段ですから。

部長：おっしゃるとおりですね。はい。わかりました。じゃ，夜の町はまた今度ってことで。

先生：いや，それとこれとは…。

新人：…先生もお好きですね（笑）。

第 3 章

1. 比率分析の全体像

比率分析の全体像について整理すると次のようになります。

経営分析に精通するためには，経営分析の体系的理解の上に，どの分析をしているのか，常に各分析指標との関連性をイメージしながら実施することが必要です。

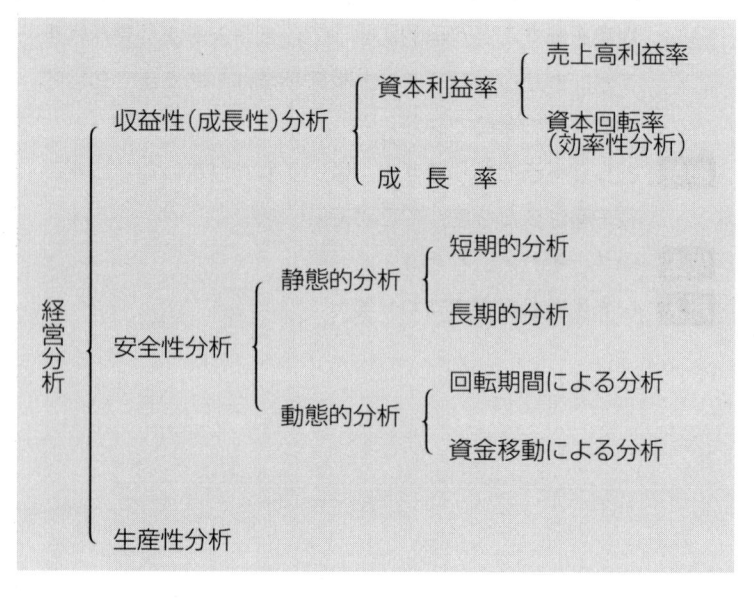

```
                                          ┌ 売上高利益率
                         ┌ 資本利益率 ┤
           収益性(成長性)分析 ┤            └ 資本回転率
                         │              （効率性分析）
                         └ 成 長 率

経                                  ┌ 短期的分析
営          ┌ 静態的分析 ┤
分  安全性分析 ┤                    └ 長期的分析
析          │
            │            ┌ 回転期間による分析
            └ 動態的分析 ┤
                        └ 資金移動による分析

    生産性分析
```

（注1） 成長性分析を一つの分析手法と捉える考え方もあります。本書では，成長性分析を狭義の収益性分析（収益性分析の一種）と考え，この表を作成しています。

（注2） 生産性分析は，難易度と実務上の使用頻度の観点から取り上げません（☞P.6参照）。

第 3 章

経営分析の体系

おわりに

先生：いかがでしたか。

部長：いやー，深い。経営分析の深みが，全体像から滲み出ていますよね。

先生：新人くんはどうでした？

新人：全体像を見ただけでは，僕としてはちょっと…。やっぱり具体的にやってみないと何とも言えないです。

先生：そうだね。具体的にいろいろやってみないと，というのが本当のところだろうね。この段階では，どんなことをすることになるんだろうと，少しでも思ってもらえればそれで十分。次からたっぷり見てもらうから（笑）。

　　ただ，次に行く前に，部長さんに経営分析の深みというものについて，お伺いしたいですね。

部長：………。さ，今回も無事終わったことですし，パーッと夜の町にでもくりだしますか，先生。

先生：いや，経営分析の深みについて…。

部長：おや，行かれないんですか？

先生：い，行きます，行きます。

新人：…先生もお好きですね（笑）。

第4章
収益性分析

第4章

収益性分析

はじめに

先生：さて、今回から本格的に経営分析の方法について学んでいきます。

部長：……。

新人：いよいよですね。楽しみだけど、難しそうなんでちょっと心配です。僕にでもわかるでしょうか。

先生：うん。楽しみにしてくれているなら大丈夫。少しずつわかっていけばいいんだから。何よりも興味をもつことが一番大事だよ。

新人：はい。頑張ります。

部長：……。

先生：さて、まずは第一弾として、収益性分析から始めようか。具体的には、資本利益率に注目する分析です。

新人：利益っていうと確か、損益計算書の…あれ？ 資本っていうと確か、貸借対照表の貸方の…、あー、もうわかんない。

先生：まあまあ、そうあせらずに。利益にはいろいろあるけど、ここでは単に儲けと考えてくれればいいし、資本にもいろいろあるけど、ここでは単に元手と考えてくれればいいよ。それで、いくらの元手でいくら儲けたかの指標が資本利益率。

新人：ははーん。なるほど。それならわかります。

第 4 章

収益性分析

部長：……。

先生：あと，売上高利益率や損益分岐点分析なども今回のテーマです。頑張りましょう。

新人：なんだかボリュームいっぱいですね。ついていけるか少し心配だなぁ。…それはそうと，今日の部長は元気がないですね。いつもなら「全く最近の若いもんは！」なんて言って，怒鳴るくせに。

部長：……。

先生：二日酔いだそうです（笑）。

新人：え？　あぁ，昨日の「夜の町」ですか（笑）。でも先生はピンピンしてますね。

先生：部長がはしゃぎすぎたんですよ（笑）。

第 4 章

収益性分析

1. 収益性分析の全体像〜儲かる企業を見抜く

　収益性分析の中心は，企業がどのくらいの利益をあげる力があるかを見ることにあります。このイメージで，これから登場するさまざまな指標の意味を理解するとよいでしょう。

　収益性分析で登場する指標は，大きく分けて資本利益率・売上高利益率・資本回転率の三つです。資本利益率は，事業に投下した資本に対してどれだけの利益を確保できたかを表し，売上高利益率は，ある一定期間に獲得した売上高のうち，利益はどれくらいあるのかを表します。さらに資本回転率は，一定期間のうち投下した資本の何倍の売上を獲得することができたか，言い換えると，一期間の売上によって資本がどれだけ回転したかを表します。

　それぞれの指標の詳細は後でお話しますが，この三つの指標は独立して存在するのではなく，次のように密接な関係にあることを覚えておいてください。

$$\frac{利　益}{資　本} = \frac{利　益}{売　上} \times \frac{売　上}{資　本}$$

[資本利益率]　　　[売上高利益率]　　　[資本回転率]

　この式から，三つの指標の関係が理解できるでしょうか？　答えは「売上高利益率と資本回転率は，資本利益率の内訳となる。」ということです。一般的には，資本回転率が低い業種は売上高利益率が高く，資本回転率が高い業種は売上高利益率が低いという傾向が

あります。分母と分子に売上高が挿入されているので、このような式に展開できるのです。左側が売上高利益率でフローの収益性を示し、右側が資本回転率でストックの資本の有効利用度を示しています。資本の有効利用度を示す資本回転率は、単独で分析を行う場合には効率性分析と呼ばれます。詳しくは「第5章　効率性分析」(☞P.67) でお話しましょう。

　収益性分析では上記の三つの指標を活用する他に、損益分岐点分析という手法が用いられます。損益分岐点とは、売上－費用＝0の点、すなわち利益も損失も出ない、ちょうど損益の境界になる点をいい、損益分岐点での売上高を損益分岐点売上高といいます。ある会社の売上高がどの程度まで減少したら（不況になったら）赤字に転落するかをつかんでいれば、この会社が赤字になることによって発生するリスク（株価下落など）をいち早く回避できる体制を整えることができるはずです。これを可能にするのが損益分岐点分析と呼ばれるものです。

　ここまで、収益性分析で使用する各種の比率や分析の手法が登場しました。それぞれの内容と活用法についてはこの後で詳しく述べていきたいと思います。

2. 収益性のイメージ

　収益性について，家計を例にとってみてみましょう。皆さんが稼いだ給料から毎月の生活費を差し引き，残りがあればそれを貯蓄することもできるし，ローンやクレジットを組んで大きな買い物もできます。この残りが会社でいえば利益になります。また，家計の儲けといってもよいかもしれません。

　仮に同じ給料をもらっているＡ氏とＢ氏がいたとします。Ａ氏はかなりの浪費家で，毎晩，食事と称して飲み歩いていました。これに対して，Ｂ氏は倹約家で，無駄な出費を極力避けていました。両氏の家計の状態を比較してみた場合，明らかにＢ氏の家計の方が，余裕があるに違いありません。儲けの観点からも，Ｂ氏の家計の方が収益性が高いといえます。しかしながら，Ａ氏が普段の飲み友達のネットワークを利用して営業成績をどんどん伸ばして高額の賞与を手にした場合にはどちらの収益性がよいことになるでしょうか。これを計数化し，客観的に示したものが，収益性の各種指標になります。

3. 資本利益率～少ないお金で大きな利益を生む会社を見抜く

これは、収益性の基本となる指標で、利益÷投下資本×100%という式により求めることができます。懐から出したお金をどれだけ効率よく運用して利益を獲得したかを示しています。そしてこの指標は、売上高利益率と資本回転率の二つの要素に分解することができます。これにより、資本利益率の変化が利益率の変化によるものか、投下資本の利用度合いの変化によるものなのかを分析することができます。

資本利益率は、投下資本に何を用いるかによって、総資本利益率・自己資本利益率といったような種類に分けられます。次にこれらを詳細にみていくことにします。

1 総資本経常利益率＝
経常利益÷(期首総資本＋期末総資本)×0.5×100%

総資本利益率は、企業経営に投下されている資本のすべてを利用して、どれだけの利益をあげているかを示す収益性の指標です。分子に、売上総利益・営業利益・経常利益・当期利益をもってくることで、さまざまな総資本利益率を算出することができますが、分子にどの利益を用いるかは、分析の目的に応じて選択します。ここでは、経常利益を用いることにしましょう。

たぶん初学者の方が疑問に感じるのは、分母の総資本額に期首と

第 4 章

収益性分析

期末の平均値を取ることではないでしょうか。これは資本利益率の分子がフローの数値（ある期間の数値）であるのに対し、分母はストックの数値（ある一時点の数値）であるからです。

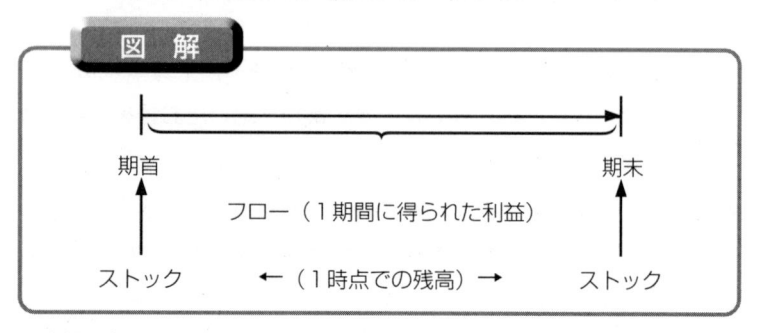

図解

```
         期首                                期末
          ├──────────────────────────────────┤
          │    フロー（1期間に得られた利益）      │
          ↑                                   ↑
        ストック    ←（1時点での残高）→      ストック
```

例えば、1月1日から12月31日までに得られた経常利益を、単純に期末日である12月31日の総資本の残高で割ったとしても計算が正確だとはいえません。というのも、総資本は期間的に累積して計上され、期中に常に一定であるとは限らないからです。そこで、期首と期末の平均値を用います。またより正確を期すために、期首に加えて各月末の数字を加味した平均値を用いることもあります。ただし、月次決算を公表している会社はないので、この方法は企業の内部でしか行いえない分析手法といえるでしょう。

さて、この総資本利益率はＲＯＡ（Return On Asset）と呼ばれ、近年、企業の業績を見る判断指標の中でも重要な地位を占めるようになってきています。というのも企業の活動が拡大するにつれて、企業は多くの利害関係者をもつようになりましたが、これらの利害関係者は、例えば企業の発行する社債を買うかどうかという判断を行うときに、この指標を重視することが多くなってきているからです。ぜひ、マスターしていただきたい指標といえるでしょう。

第4章 収益性分析

❷ 自己資本経常利益率＝
経常利益÷(期首自己資本＋期末自己資本)×0.5×100%

　自己資本利益率は，企業経営に投下されている自己資本のすべてを利用して，どれだけの利益をあげているかを示す収益性の指標です。分子に，売上総利益・営業利益・経常利益・当期利益をもってくることで，さまざまな自己資本利益率を求めることができますが，どの利益を分子に用いるかは，総資本利益率と同じように選択します。ここでも，経常利益を用いることにしましょう。なお，分母の自己資本の額に期首と期末の平均値を取る理由については前述のとおりです。

　自己資本とは，株主からの出資によって調達した資本と会社が稼得した留保利益をいいます。企業の経営者は株主から出資を募り，調達した資本を事業に投下して利益を得て，この利益を配当という形で株主へ還元します。自己資本利益率は，企業が株主から調達した資金を用いて，どれだけの利益をあげる力をもっているかを判断する指標といえるでしょう。株主にとっては，この自己資本利益率の高いか低いかが自己の利益に直結するので，最も関心の高い指標といえます。

　自己資本利益率はＲＯＥ（Return On Equity）と呼ばれ，経営者がどれだけ株主に報いる経営を行っているかをストレートに表す指標です。ＲＯＥが低い企業の経営者，つまり株主に対する利益配当の原資を確保できないような経営者は，株主にとっては必要ありません。経営者はＲＯＥを高めるためにあらゆる努力を行わない

と，株主に首を飛ばされる危険すらあります。アメリカでは，ＲＯＥを重視した経営を行うことが，経営者にとって最重要課題になっています。現実に，アメリカの社会では，日本と違って機関投資家などの力の強い株主が多く存在し，株主に首を飛ばされる経営者が存在するからです。

このように，自己資本利益率は経営者にとっても，株主にとっても重要な指標です。

「資本」の概念について

会計上，「資本」はさまざまな意味で用いられるので，混同しないようにしましょう。まず，貸借対照表の貸方全体をもって「資本」ということがあります（図中①「総資本」ともいう）。

また，貸借対照表の貸方のうち，株主に帰属する部分をもって「資本」ということもあります（図中②「自己資本」ともいう）。

そして，自己資本のうち，株主からの拠出による部分をもって「資本」ということもあります（図中③「拠出資本」ともいう）。

さらに，拠出資本のうち，商法で「資本」とすべきと定められた部分を指して「資本」ということもあります（図中④「資本金」ともいう）。

これらとは別に，貸借対照表の貸方からは離れて，企業に投下された貨幣（元手）を「資本」ということもあります（「経営資金」あるいは単に「資金」等と呼ばれることもある）。

以上のように，単に「資本」といっても「資本」にはさまざまな意味があるので，その時々に応じて「資本」が何を意味しているのか，柔軟に解釈する必要があります。

収益性分析

貸借対照表 (貸方)

負債の部	支払手形 / 買掛金 / 社債 / 借入金 …
資本の部	資本金
	法定準備金：資本準備金 / 利益準備金
	剰余金：任意積立金 / 未処分利益

①：総資本
②：自己資本
③：拠出資本
④：資本金

すべて「資本」ということがある。

まめ知識

第 4 章

4. 売上高利益率～利幅のよい会社を見抜く

この比率は、売上高に対する利幅を示すもので、利益÷売上高×100％という式により求めることができます。これは会計データになじんでいなくても理解しやすいものと思われます。比率が高ければ収益性がよいといえます。売上高利益率を高めるためには、売価を引き上げるか、経費の削減・販売費の効率的活用などの方策が考えられます。

売上高利益率は、分子にどの利益を用いるかによって、売上高売上総利益率・売上高営業利益率・売上高経常利益率といったような種類に分けられます。それぞれ、どのような用途の違いがあるのかを、次にみていきたいと思います。

１ 売上高売上総利益率＝売上総利益÷売上高×100％

この比率は、売上高に対する売上総利益の割合を示しています。売上総利益は、売上高から売上原価を差し引いて求める、いわゆる粗利のことです。ですから売上高売上総利益率はある企業が商・製品の販売を行うに当たって、どれだけ収益をあげる力をもっているのかを示す指標ということができます。この比率を高めるには、販売単価を高めるか、売上原価を低減するという対策が考えられます。

売上高売上総利益率は、販売した商品の売上金額と、その商品を

仕入れるのに必要だった原価を対応させた比率であり，販売費及び一般管理費（以下，販管費と略す）や営業外損益が考慮されていません。それゆえに，企業の収益性を最もダイレクトに示す指標と考えられるでしょう。この比率がマイナスになる状態（つまり，売れば売るほど損が出る状態）では商売をする意味がありませんし，そんな会社には，銀行もお金を貸さないし誰も取引をしてくれないでしょう。経営者も，売上総利益がマイナスになる状態が続いている商売からはすぐに撤退し，他の商売に専念するべきでしょう。売上高売上総利益率は，このような判断を行うのに役立つ指標と考えられます。

❷ 売上高営業利益率＝営業利益÷売上高×100％

　この比率は，売上高に対する営業利益の割合を示しています。売上総利益は，売上高から売上原価を差し引いて求めました。営業利益は，この売上総利益からさらに販管費を控除したものです。ですから売上高営業利益率は，企業が本業である営業活動でどれだけの収益をあげる力をもっているかを示す指標ということができます。この比率を高めるには，前述した売上高売上総利益率を高める努力を行うとともに，販管費の低減を図る対策も必要となります。

　前節で述べた売上高売上総利益率は，企業活動のうち，商品の売上高とその商品の原価の関係のみを見る指標でした。これに対し，売上高営業利益率は，売上高売上総利益率と比べると販売のために必要になった経費も加えて利益率を求めるので，販売活動を総合的に観察することができます。つまり，売上高営業利益率は販管費も

含めて収益性を考えているので,企業の販売政策を読み取ることも可能になるのです。

例えば,積極的に広告や販売キャンペーンを打って業界の中でのシェアを伸ばそうとしている企業では,売上が伸びても販管費が膨れ上がり,売上高営業利益率が圧迫されていたりすることがあります。一方,産業が成熟期にあり売上の増加が見込めないような業種でも,収益性を改善して利益を確保し,困難な状況を乗り切ろうとしている企業では,販管費の削減が進み,売上高営業利益率が向上していることがあります。

また,売上高売上総利益率の段階では,かなりよい数値が出ていても,売上高営業利益率が悪化している会社もよくあります。このような会社は,販管費の中に不効率な要素が含まれている可能性が高いので,その不効率な部分を改善することが収益性アップの第一歩になります。

3 売上高経常利益率＝経常利益÷売上高×100％

この比率は,売上高に対する経常利益の割合を示しています。営業利益は,売上総利益から販管費を控除したものでした。そして,経常利益は,営業利益に営業外収益を加算し,営業外費用を控除した利益です。

営業利益は,企業が本業たる営業活動でどれだけの収益力をもっているのかを見る指標でした。経常利益は,企業の営業活動に営業外の活動を加味した指標です。営業外活動とは,本業の営業活動ではないけれども,経常的・反復的に行われる活動で,主に財務活動をいいます。財務活動とは企業活動を行う上で必要な資金を調達し

第 4 章

収益性分析

たり，余裕資金を運用することです。ですから，商品の仕入代金の支払いや固定資産の購入のために，金融機関から調達した資金にかかる支払利息であったり，余裕資金を運用して得られた預金利息や受取配当金，有価証券の売買損益などが，営業外損益に含まれます。この営業外損益を加味した経常利益が，企業の正常収益力を示すことになりますので，企業の収益性を分析する上で一番重要な指標といえます。

余談ですが，バブルの時代，財テク活動が新聞や雑誌の紙上を賑わせました。企業によっては，営業利益よりも経常利益の方が上回るケースも多くありました。有価証券相場の上昇に伴ってばく大な有価証券の売却益を獲得できた企業が多かったからです。

さて，売上高経常利益率を高めるにはどのような方法があるでしょうか。売上高営業利益率を高める努力をすることに加えて，財務活動の運用成果を高めること，又は金融費用を低減することなどの対策が役立ちます。ここ最近，有利子負債を大幅に圧縮して借入金利息を減らそうという財務リストラが，大手の企業を中心に盛んに行われているのはこのためです。

このように売上高経常利益率は，営業活動と財務活動という企業活動の主要なものを総合的に判断して，改善するための方法を探ること，又は，企業の正常な収益力を判断することに役立ちます。

第 4 章

収益性分析

5. 資本回転率～効率よく売上を獲得する会社を見抜く

　回転率とは，1年間に資本の何倍の売上高をあげることができたか，言い換えれば，売上高によって資本が何回転したかを表現する指標です。売上高÷投下資本×100%という式により求めることができます。少しわかりにくいかもしれませんが，回転率が高いということは資本（お金）の利用効率がよいということです。逆に資本回転率が低いということは資本の利用効率が悪いということです。原因としては不良債権の発生や，不良在庫，あるいは過剰在庫などの存在が考えられます。

　資本回転率は，資本利益率と同じように資本に総資本若しくは自己資本のどちらを用いるかによって，総資本回転率・自己資本回転率に分けられます。資本回転率については，「第5章　効率性分析」（☞P.67）で詳しくみていきます。

6. 損益分岐点分析〜不景気に強い会社を見抜く

損益分岐点分析は，利益計画や経営計画などの検討の際によく用いられる管理ツールですが，経営分析の観点からすると，現在の売上水準が赤字に転落するまでどれだけの余裕があるのかなど，利益と売上高水準の関係を把握することができます。会計学の教科書などでは難解な式が登場して実際には利用できないと思われている方も多いかと思いますが，次の2点を理解していただければさほど難しいことではないはずですので，是非とも自分のものにしていただきたいと思います。

① 売上高−費用＝利益
② 費用＝変動費＋固定費

費用は変動費と固定費の二種類に分けることができます。ここで，変動費とは，売上高が変化すればそれに応じて金額が変わる費用であり，固定費とは，売上高が変化してもその金額が一定のものです。

収益性分析

[例]

損益分岐点売上高をYとします。

変動費率（売上高に対する変動費の割合を示す：$\frac{変動費}{売上高}$）をaとします。

損益分岐点売上高－費用＝0

まず費用は，変動費と固定費に分けられるので，

損益分岐点売上高－（変動費＋固定費）＝0

次に変動費は売上高に変動費率をかけた金額ですので，

Y－（a×Y＋固定費）＝0

カッコを取ると，

Y－a×Y－固定費＝0

これをYでくくり，固定費を移項します。

（1－a）×Y＝固定費

さらに，Y＝... という形にします。

Y＝固定費÷（1－a）

ここで，（1－a）とは，1から変動費率を差し引いた数値であり，これを限界利益率と呼びます。限界利益率とは，売上を追加的に1円増加させることによって増加する利益の金額をいいます。

このようにして求めた損益分岐点売上高と現在の売上高を比較して，次のような損益分岐点比率（損益分岐点の位置）を計算します。

損益分岐点比率＝損益分岐点売上高÷現在の売上高

この比率が低ければ低いほど会社の収益構造は安泰だといえます。この比率が低いということは，現在の売上高が損益分岐点売上高よりかなり大きいということになるからです。例えば，損益分岐

点比率が85％であった場合、実績売上高が15％減収になると、実績売上高＝損益分岐点売上高となり利益がゼロとなります。これに対して、損益分岐点比率が95％であった場合、実績売上高が5％減収になっただけで、実績売上高＝損益分岐点売上高となり利益がゼロとなります。このように収益構造の違いにより、5％の減収で赤字に転落するところもあれば、20％の減収でも黒字を維持するところもあることになります。

　つまり、損益分岐点比率が小さければ、ちょっとばかり売上が落ち込んだところで、業績が赤字になることはありません。比率が小さければ小さいほど会社の経営は安泰であり、逆に大きければ大きいほど赤字経営になりやすいということができます。このように、損益分岐点比率は、会社が綱渡り経営であるかどうかという判断ができます。

　したがって損益分岐点分析によれば、売上減に強い体質の会社かどうかということを、分析することができるのです。

第 4 章

まめ知識 損益分岐点図表

損益分岐点は,グラフによって以下のように示すことができます。

<損益分岐点図表>

① 損益分岐図表

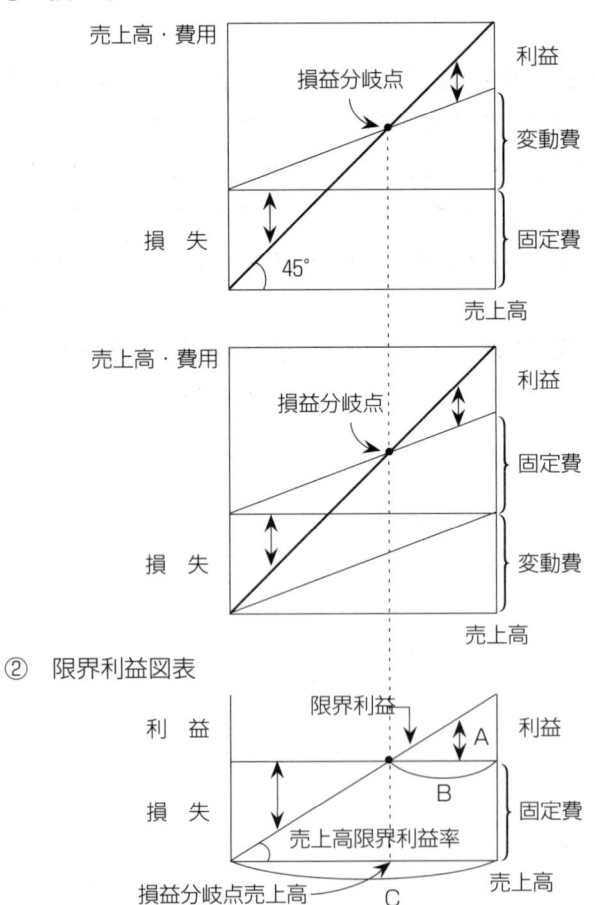

売上高・費用／利益／損益分岐点／変動費／固定費／損失／45°／売上高

売上高・費用／利益／損益分岐点／固定費／変動費／損失／売上高

② 限界利益図表

利益／限界利益／A／利益／損失／B／固定費／売上高限界利益率／損益分岐点売上高／C／売上高

> ・売上高利益率＝A／C
> ・限界利益率＝A／B
> ・安全余裕率（M／S：Margin of Satey）＝B／C
>   限界利益率（A／B）×M/S（B/C）＝売上高利益率（A／C）

① 縦軸は費用と売上高を示し，横軸は売上高を示します。
② 売上高線は45度つまり傾きは1です。
③ 総費用線は固定費と変動費の合計であり，切片を固定費とし，傾きを変動比率とします。
④ 売上高線と総費用線とが交わる点が損益分岐点です。
⑤ 売上高線が総費用線を上回る部分は利益となり，逆に下回る部分は損失となります。

まめ知識

目標利益の獲得

まめ知識一歩前進!!

損益分岐点分析は，本文でも解説したように，利益も損失も生じない，いわゆる「トントン」となる売上高を求めることにより，売上の減少に対してどれだけ余裕があるのかを分析するものです。損益分岐点売上高を上回れば利益が生じますが，損益分岐点売上高を確保すればよいというものではありません。企業経営においては，毎年経営計画を編成し，目標とする利益を獲得できるよう努力するべきです。そこで，いくらの売上により目標利益を獲得できるのかを分析することも，企業経営者にとって重要なのです。これは，損益分岐点分析を応用することにより求めることができます。すなわ

ち，損益分岐点売上高を求める場合には利益をゼロとしていましたが，目標利益を獲得できる売上高を算定する場合には利益を目標金額に置き換えればいいのです。

6の【例】でみた数式の「0」を目標利益額に置き換えると以下のようになります。

```
Y－費用＝目標利益額
Y－（変動費＋固定費）＝目標利益額
Y－（a×Y＋固定費）＝目標利益額
Y－a×Y－固定費＝目標利益額
（1－a）×Y＝目標利益額＋固定費
Y＝（目標利益額＋固定費）÷（1－a）
```

この結果，目標利益を獲得できる売上高が求まり，経営者は従業員に対してノルマを設定することができるのです。

具体的に数字を使って見てみましょう。

【例1】

C社はX商品のみを扱っており，1個10万円で500個販売しました。X商品は1個販売するごとに変動費が2.5万円かかり，固定費は3,000万円かかりました。

・損益分岐点売上高

変動比率が2.5万円÷10万円＝0.25なので，3,000万円÷（1－0.25）＝4,000万円となります。

・損益分岐点比率

当年度の売上高は5,000万円（＝500個×10万円）だったので，4,000万円÷5,000万円×100％＝80％です。

つまり、売上が20％（＝100％－80％）少なかったら当年度は利益は出なかったことになります。

[例2]

[例1]の販売数量以外の他の条件を一定として来年度の目標利益を1,500万円とした場合、必要となる売上高はいくらになるでしょうか。

(1,500万円＋3,000万円)÷(1－0.25)＝6,000万円

つまり、600個(＝6,000万円÷10万円)販売しなければならないことになります。

以上のことからもわかるように、損益分岐点分析は経営分析の一手法であるとともに、予算編成とその業績評価のための手法にもなるのです。

まめ知識一歩前進!!

〔事例分析を実際にやってみよう！〕

| 事　例 |

さて、次のようなデータを使って、ここまでに登場した比率、①売上高売上総利益率、②売上高営業利益率、③売上高経常利益率、④総資本経常利益率、⑤自己資本経常利益率を実際に計算し、その結果からＡ社・Ｂ社の特徴を考えてみましょう。Ａ社とＢ社は同じ業界に属する企業で、取り扱っている商品構成は全く同じとして考えてください。

第4章 収益性分析

収益性分析

なお，比率については，少数点以下第2位を四捨五入しています。

《損益計算書》

	A社	B社
売 上 高	150,000	90,000
売 上 原 価	90,000	54,000
売上総利益	60,000	36,000
販売費及び一般管理費	56,000	27,500
営 業 利 益	4,000	8,500
営業外収益	2,600	2,400
営業外費用	4,500	2,100
経 常 利 益	2,100	8,800
特 別 利 益	100	50
特 別 損 失	180	90
当期純利益	2,020	8,760

《総資本の内訳》

期中の平均残高

負債（他人資本）	135,000	60,000
資本（自己資本）	25,000	50,000
	160,000	110,000

第 4 章

収益性分析

結 果

さて，どうでしょうか？ 答えは次のとおりです。

	A社	B社
①売上高売上総利益率	40.0%	40.0%
②売上高営業利益率	2.7%	9.4%
③売上高経常利益率	1.4%	9.8%
④総資本経常利益率	1.3%	8.0%
⑤自己資本経常利益率	8.4%	17.6%

<A社>

① 売上高売上総利益率＝60,000÷150,000×100＝40.0%

② 売上高営業利益率＝4,000÷150,000×100≒2.7%

③ 売上高経常利益率＝2,100÷150,000×100≒1.4%

④ 総資本経常利益率＝2,100÷160,000×100≒1.3%

⑤ 自己資本経常利益率＝2,100÷25,000×100＝8.4%

<B社>

① 売上高売上総利益率＝36,000÷90,000×100＝40.0%

② 売上高営業利益率＝8,500÷90,000×100≒9.4%

③ 売上高経常利益率＝8,800÷90,000×100≒9.8%

④ 総資本経常利益率＝8,800÷110,000×100≒8.0%

⑤ 自己資本経常利益率＝8,800÷50,000×100＝17.6%

分 析

まず売上高総利益率ですが，A社もB社も40%と同じ数字を示しています。これは，両者とも同じ業界に属し，全く同じ商品を扱っ

ているからと考えられます。つまり，仕入価格も販売価格も同一なのでしょう。この場合，両者は競争相手よりも有利な条件の仕入先を探したり，販売単価を切り下げるなどの方策が必要になると思われます。

次に，売上高営業利益率を見てみるとＢ社の方が高い比率を示していることがわかります。これから，一つにはＡ社が売上規模を拡大するために積極的な販売戦略を展開しているのではないかと推測ができます。なぜなら，Ｂ社よりもＡ社のほうがはるかに多くの販管費を支出しているからです。

また，別の観点からは販管費に無駄な支出があるのではないかという推測もできます。例えば，非効率な物流体制になっているとか，間接人員が多すぎるなどです。これらの原因を突き止めるには，販管費の内容を入手し費目別に比較してみるのが効果的です。

では，売上高経常利益率はどうでしょうか。Ａ社とＢ社の差が，さらに開いていることがわかります。営業外損益を見るとＡ社の営業外費用はＢ社の２倍強になっています。そして，資料の総資本の内訳データを見ると，Ａ社の負債はＢ社の２倍強になっています。おそらく，Ａ社の営業外費用の大部分は借入金の支払利息であり，この金融費用の負担が大きいため，Ｂ社との間でさらに差がついてしまっているのだと思われます。

今度は視点を変えて，資本利益率を見てみましょう。総資本経常利益率も自己資本経常利益率もＢ社のほうが高い数字を出しています。Ａ社よりもＢ社のほうが投下資本に対する利益率が高く，売上規模は小さいものの収益性の面で高い成績を残しているといえるでしょう。

7. 成長性分析を表す指標の意味と活用法

収益性や安全性などがいかに優れていても、将来の発展性が見込めなければその会社と取引をしたり、投資したとしても大きな魅力はありません。そこで、将来にどのような発展力を秘めているのかをみていくのが、成長性分析です。成長性を判断する指標にはさまざまなものがありますが、特に注目しなければならないのは自己資本の伸び率と利益の伸び率です。

1 成長性の考え方

企業の将来性は非常に重要です。現在の収益力や安全性が良好であるだけでなく、将来の成長力が期待できるということが優れた企業であるためには必要であるからです。ただ、取引先企業の成長性を分析するということは現実的には非常に難しいことです。将来の経済状況を予測して企業をとりまく経営環境がどのように変化するかを検討し、産業構造の変化まで見通した上で個々の企業の将来を予測しなければならないからです。

言うまでもなくこのようなことは正確かつ客観的に分析できるものではありません。このため、経営分析では過去の実績を有力な判定資料としています。ここではあくまでも過去のデータを利用しているということに注意してください。したがって、経営環境の変化が著しく、過去のデータが将来の予測に役立たないという状況においては、単純に利用することはできません。

第 4 章

収益性分析

では具体的に、過去のデータ推移を数値化した比率を見ていきましょう。比率の種類は、自己資本成長率・売上高成長率・経常利益成長率などです。

2 自己資本成長率＝当期自己資本÷前期自己資本×100%

この比率は、前期の自己資本に対する当期の自己資本の割合です。この割合が100%より大きければ、前期よりも自己資本が増加していることを示しています。自己資本が増加しているということは、企業規模の拡大につながり、将来の成長性が期待できます。ただしそのような判断をするためには、総資本成長率との比較も併せて行う必要があります。

総資本成長率とは、前期の総資本に対する当期の総資本の割合を表す指標です。将来の成長性が期待できるのは、自己資本成長率がこの総資本成長率を上回っている場合です。なぜなら、自己資本成長率がいくら100%を超えていても、総資本成長率のほうが上回っていれば、自己資本の増加以上に借金が増えている可能性が高く、危険性をはらんでいるといえるからです。

自己資本比率と併せて分析するとさらにわかりやすくなります。総資本成長率が自己資本成長率を上回る状態では、自己資本比率は減少傾向になります。自己資本比率が減少する状態とは、負債比率が上昇する状態とイコールです。上記のような総資本成長率が自己資本成長率を上回る状態は、負債比率が上昇していく状態であり、会社がどんどん危険な方向へ走っているというシグナルなのです。

③ 売上高成長率＝当期売上高÷前期売上高×100％

　この比率は，前期売上高に対する当期売上高の割合であり，売上高の増減割合を示しています。以前は日本が少品種大量生産の時代で，売上高が伸びれば利益も必然的に増加するという関係にあったため，成長性の中心的な指標として用いられました。しかし，近年では作れば売れる時代は終わり，さらに人々の価値観が多様化したせいもあり，いかに売れるものを世に出し利益を獲得するかという対応が必要になってきています。

　このことにより，成長性の指標の中心は，利益の成長性・自己資本の成長性へと移ってきています。したがって，この売上高成長率も利益の成長性を分析するための道具としてみる機会が増えてきたようです。つまり，利益の成長は多角化などの企業規模の拡大による場合と現有規模による経営合理化の場合とがあるわけで，その原因がこのどちらの場合であるかを把握するために売上高成長率を用いるわけです。

④ 経常利益成長率＝当期経常利益÷前期経常利益×100％

　企業活動の成果である経常利益の増加率を利用して企業の成長率を見るものです。この比率が100％より大きければ，前期よりも当期の業績がよく，成長しているといえます。この率が高ければ高いほどその成長が大きいといえます。

　経常利益成長率で企業の成長度合を把握したら，前節の売上高成長率を用いることで，より有用な分析結果を導き出すことが可能になります。

第 4 章

収益性分析

すなわち，経常利益成長率で把握した成長度合を，売上高成長率によって，その原因が企業規模の拡大によるものなのか，現有規模での合理化によるものなのかを明らかにすることができるのです。

具体的には経常利益成長率よりも売上高成長率が高ければ，成長の原因は企業規模の拡大（売上の伸び）にあり，逆に経常利益成長率よりも売上高成長率が低ければ，成長の原因は現有規模での合理化（販管費・営業外費用の低減）が効いていることにあると判断できるでしょう。

このように，経営分析では複数の比率を比較して分析を行うこともあるので，比率の意味をよく理解しておいてください。

〔事例分析を実際にやってみよう！〕

事 例

次の資料に基づいて，各年度の売上高成長率と経常利益成長率を求めましょう。また，それぞれ比較した結果どんなことがいえるか考えてみましょう。

[資料]

損益計算書データ	第1期	第2期
売 上 高	85,000	100,000
売 上 原 価	70,000	85,000
売上総利益	15,000	15,000
販売費及び一般管理費	10,000	11,000
営 業 利 益	5,000	4,000
営業外収益	2,000	2,300
営業外費用	4,500	5,300
経 常 利 益	2,500	1,000

特別利益	10	800
特別損失	250	750
当期純利益	2,260	1,050

結果

どうでしょうか？ 答えは下のとおりになるはずです。

売上高成長率	117.6%
経常利益成長率	40.0%

・売上高成長率＝100,000÷85,000×100≒117.6%
・経常利益成長率＝1,000÷2,500×100＝40.0%

分析

さぁ，この比率から何が読み取れるでしょうか？

売上高の成長は企業にとっては成長の起爆剤になります。売上の伸びは利益の成長の源であり，事業規模の拡大につながり，さらなる成長の機会をつかむきっかけになるでしょう。そういった意味では，この会社はよい方向に向かっているように見えます。しかしよく見てください。経常利益成長率は40%という低い水準で，経常利益が前期と比べて大幅に落ち込んでいることがわかります。つまり，売上高が成長しているのに経常利益が激減しているという現象が起きているのです。

では，原因を考えてみましょう。経常利益は売上から売上原価と販管費を引いて，営業外損益を加減算して求めるので，売上原価・販管費・営業外損益のどれかに，このような現象が起きる原因があ

りそうです。まず売上原価について考えてみましょう。第1期の売上原価率は約82.4%で第2期は85%と、約2.5ポイント悪化しています。また、営業外損益を見てみると、第1期では△2,500であり、第2期では△3,000と、悪化していることが読み取れます。売上は伸びたが原価率が悪くなり、金融費用が増え、結果的に経常利益が圧迫され、マイナス成長になってしまったというわけです。

成長性分析を行うに当たっての注意事項

成長性分析は過去の動向から将来の発展の可能性を予測するための資料を提供する手法なので、以下のことに気をつけましょう。

第1に、単に一社ないしは数社の数値を見るだけでなく、業界の平均値、さらには国の経済全体の数値と比較するようにしなければなりません。というのも、国の経済成長率が上昇している時（つまり、景気がいい時）に、当社の売上高成長率及び自社が属する業界の平均値が下降しているのなら、自社が属する産業は衰退傾向にあることが考えられるからです。

第2に、1年や2年という短期間における変化のみを見るのではなく、長期間（最低でも5年）における変化を見て、異常な数値がある場合にはその原因を分析するようにしなければなりません。なぜなら、メーカーなどでは、新製品の開発に成功して売上が急激に増加する場合もあるからです。そして、異常な数値が臨時的はものであるかどうかということも検討する必要があります。

なお、分析に当たっては、次頁のようなグラフを作成すると、理

第 4 章

収益性分析

解しやすく、問題点が明確になると思われます。

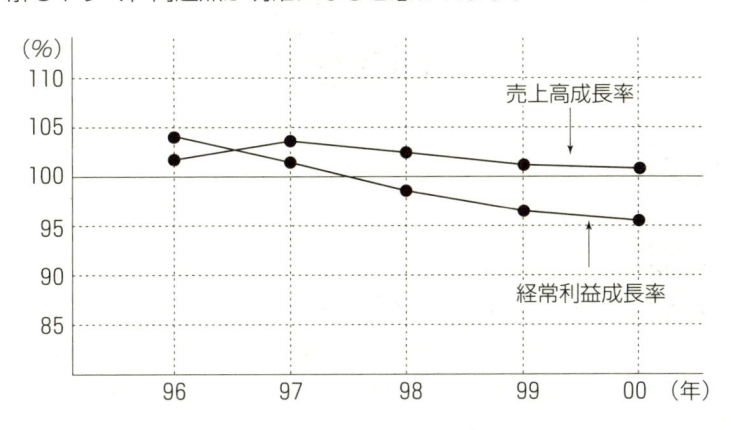

(%)
110
105 ········ 売上高成長率
100
95 ········ 経常利益成長率
90
85
　　96　　97　　98　　99　　00　(年)

売上高成長率は安定的なので、堅実に成長していると思われる。

↓ただし

経常利益成長率は低下傾向にある。

↓

経常利益率の減少の原因が支払利息の増加にあるのなら、借金体質になりつつあるのかもしれない。

まめ知識

第4章

収益性分析

おわりに

先生：以上が，収益性分析です。どうでしたか？　難しかったですか？

新人：はい，とっても！

先生：確かに数学みたいに色々な公式が出てきましたが，丸暗記は駄目ですよ。まずは，計算により求められた数値によって何がわかるのかをきちんと理解してください。その上で，求めるためには，決算書のどの数値とどの数値をもってくればいいのかを押さえて，数式を理解するようにすればいいんです。

新人：なるほど，わかりました。

先生：部長さんは何か質問でもあります？

部長：…うぷっ。

新人：それどころじゃなさそうですね（笑）。

第5章
効率性分析

第 5 章

効率性分析

はじめに

先生: 今回は，第二弾として，効率性分析について勉強していきますが，具体的には資本回転率のお話です。

新人: またずいぶん難しそうですね。あ，そういえば資本回転率は前回のお話で出てきましたよね？

先生: お，しっかり復習してるね。そう，資本回転率は資本利益率を分解したときに登場しました。部長さんは大丈夫ですか？

部長: いゃー，前回はひどい目に遭った。はい，もう大丈夫です。え？ 二日酔いのことじゃなくて？ 資本回転率？ あぁ，大丈夫ですよ。こう見えても部長ですからね。そのくらいは知ってますよ。

新人: またまたー。そんなにでかいこと言って大丈夫なんですか？

部長: む，失礼な。いいか。資本は元手だろ。元手が何回転するかを表すのが資本回転率じゃないか。

新人: ？ …元手が回転？

部長: そうだ。元手は回転するんだ。いいか。まず最初に元手は現金という形をしちゃいるが，あるものは商品の購入に充てられ，またあるものは建物の購入などに充てられるな。つまり現金が出ていく代わりに，商品や建物が入ってくる。そして商品は販売されて，また建物などは

第 5 章

効率性分析

使用されて無くなるわけだが，商品を売り上げたことで今度は売掛金や受取手形みたいな売上債権が発生するな。こういう売上債権は現金が回収されると消滅するんだ。つまり，元手は最初は現金という形をしてはいるが，商品や建物に形を変え，そして売上債権に形を変え，最後に現金に戻る。これを資本の循環過程といって，現金が現金に，商品が商品に，建物が建物に，売上債権が売上債権に戻ることを回転と言うんだ。…それでいいんですよね，先生。

先生：……。おっしゃるとおりです。文句のつけどころがありません。

新人：へぇー，見直した。部長もたまには頼りになりますね。

部長：…たまに，は余計だ。

先生：ははは。それでは，私の出番がなくなるといけないのでそろそろ始めますか。

第5章

効率性分析

1. 効率性分析の全体像

　効率性分析は，収益性分析でみた資本利益率を分解して得られる売上高利益率と資本回転率のうち，資本回転率に注目して展開されます。第4章「収益性分析」（☞P.33）のところで登場した式を思い出してください。

$$\frac{利\ 益}{資\ 本} = \frac{利\ 益}{売\ 上} \times \frac{売\ 上}{資\ 本}$$

［資本利益率］　　　［売上高利益率］　　　［資本回転率］
　　　　　　　　　　収益性の指標　　　　　効率性の指標

　このような式でしたね。資本利益率は，分子と分母に売上をかけることによって売上高利益率と資本回転率に分けられるという式でした。この式の意味するところは，資本利益率という指標が，売上高利益率という収益性の指標と，資本回転率という効率性の指標に分けられるということにあります。ですから資本利益率の高さ・低さの原因を収益性分析と効率性分析を行うことによって明らかにすることができるのです。

　企業の経営者は目標資本利益率を定め，この資本利益率を達成するためには目標売上高利益率をどれくらいに設定し，目標資本回転率をどれくらいの水準にする必要があるのかを考えます。経営の目標を収益性目標と効率性目標に細分化して，より具体的なものにブレイクダウンしていきます。逆に過去のデータについては，実績資本利益率を売上高利益率と資本回転率に分解して，実績値を改善す

第 5 章 効率性分析

るためには収益性と効率性のどちらに改善を施す余地があるのかを，探るきっかけをつかむことに役立ちます。

話は変わりますが，効率性という言葉は，経営分析上さまざまな場面で登場します。収益性分析で取り上げた資本利益率を指すケースもあります。この場合の効率性は，投下資本に対する利益の割合を示します。また，広い意味では企業目的の達成度をいいます。投資効率，業務効率，経営効率などの言葉で表現されることもあります。本書では，効率性分析を狭義に捉え，資本回転率や各資産の回転率の指標を取り上げていきます。

現代の企業環境下で経営者はスピードの経営が要求され，さらに，同じ成果物をアウトプットするためにも，極力最小限のインプットで企業目標（利益の獲得）を達成しなければなりません。このような効率性を向上させるために企業は，購買，製造，納品というプロセスを効率化し，資本回転率を向上させなければなりません。つまり経営のスピードアップと資産の有効利用が要求されるのです。これらの達成度を表すのが，総資本回転率・固定資産回転率・棚卸資産回転率・売上債権回転率などの指標です。

第 5 章

2. 効率性分析の考え方

　現代の企業環境下では，経営者はスピードの経営が要求されるとともに，同じ成果物をアウトプットするために極力最小限のインプットで企業目標を達成しなければなりません。

　特に最近では，企業の競争が激しく，価格破壊が進行し，従来の収益水準を維持することが困難になりつつあります。例えば，500円の価値のあるアウトプット（成果物）を400円とか従来以下の価格で販売しなければならなくなりました。これまでは，420円の経営資源（ヒト・モノ・カネ・情報）の利用で成果物を完成させれば利益が計上されたにもかかわらず，今後は350円ぐらいの経営資源の投入で成果物を作らなければならなくなったのです。

　そのために，企業はいろいろな方法を実行しなければなりません。リストラを実施し，採算性の悪い部門を切り捨てて同業他社へ売却したり，工場を閉鎖したり，人員や経費を削減したりなどです。間接費，固定費の低減は急務になります。リエンジニアリングを実施し，業務効率を高めるのも手段の一つです。これらの効率性の評価基準が，これからお話する各回転率の考え方といえます。

3. 回転率の求め方

それでは回転率はどのように求めるのでしょうか。基本的には，第4章で登場した，資本利益率の式を思い出してください。

$$\frac{利益}{資本} = \frac{利益}{売上} \times \frac{売上}{資本}$$

[資本利益率]　　　　[売上高利益率]　　　　[資本回転率]

資本利益率を売上高利益率と資本回転率に分解するという式でした。この式からわかるように，売上高を資本で割ってあげればよいのです。

しかし，注意しなければならないことがあります。それは，分母の資本には期中平均残高を用いるという点です。資本は，循環過程を経て増減していきますが，仮に分母に分析時点の資本残高を用いると，このような資本が増減するという事実を全く無視することになってしまうからです。分析結果の精度を高めるためには，期中平均残高を用いなければなりません。

そこで，第4章の「3. 資本利益率」（☞P. 39）の❶で総資本経常利益率を求めたときと同様に，回転率分析でもストック項目（総資本・売掛金・固定資産・棚卸資産など）は，期中平均残高を使います。簡単にいえば，期首と期末の残高の平均を使えばよいわけで，次のような式を使って回転率を求めればよいことになります。

第 5 章

効率性分析

$$総資本回転率 = \frac{年間売上高}{(期首総資本残高 + 期末総資本残高) \times 0.5}$$

期中平均残高は理想的には日々の残高を用いるべきですが、これは実務的に不可能です。そこで、期首と期末の平均を用いて分析をするわけですが、できれば、月次平均（毎月末残高の平均）を求めて分析することが望ましいといえます。

4. 回転率と回転期間

さて、ここまでのお話で、効率性分析の主役は「回転率」だということがわかっていただけたと思います。さらに、効率性分析では、「回転期間」という指標も重要です。ここでは、この両者について見ていきますが、非常にわかりづらいと思われますので、よくわからない場合には、あまりこだわらずに先に進んで、後でもう一度読み直してください。

「回転率」とは、一定期間（通常は1年間）に資本が何回転したかを示す指標です。ここで、何回転したかといういい方は、その資本をどのくらい利用したかを数値化している表現です。したがって、回数が多ければ多いほど、たくさん利用しているということになります。

これに対し「回転期間」は、資本が1回転するのにどれだけの時間がかかったかを示しています。つまり、ある資産が形を変え、また元の形に戻るのにどれだけ期間がかかるかを数値化しています。頭が混乱してきたかもしれませんので、簡単な例をみてみましょう。

例えば、商品を売り上げて売掛金が発生してから入金され、そのお金で商品を購入し、再び販売し売掛金が発生するまで、つまり1回転するまでに、ある企業では2か月かかるとします。売掛金が1回転するのに2か月かかるということは、1年間12か月で売掛金は6回転することになります。

第 5 章

効率性分析

　この場合，売掛金の回転率は1年当たり6回転，回転期間は1回転当たり2か月ということになります。では，これを式の形で見てみましょう。この会社では年間売上高が120万円で，売掛金の期中平均残高が20万円だったとします。すると，回転率と回転期間は次のような式で求められます。

$$回転率 = \frac{120万円（売上）}{20万円（売掛金）} = 6回転／12か月$$

$$回転期間：\frac{20万円（売掛金）}{120万円（売上）} \times 12か月 = 2か月／回$$

　この式を見ると回転率と回転期間の求め方が，なんとなく似ていることがわかります。みなさん気がついたでしょうか？　そうです，回転期間は回転率の分母と分子をひっくり返しただけで求められるのです。この関係をさらに式にすると，こうなります。

$$1 \div 回転率 = \frac{1}{\frac{売上高}{売掛金}} = \frac{売掛金}{売上高} = 回転期間$$

　このように，回転期間は回転率の逆数になるという関係になるのです。つまり，この二つの指標は同じデータから計算して得られた表裏一体の関係にあるものであるということになります。では，なぜこのように同じような指標がそれぞれ必要となるのでしょうか？　それは，回転率と回転期間という二つの指標を，それぞれ異なる分析目的に使用するためです。その異なる分析目的とは，以下のとおりです。

　回転率分析の目的は，回転数の多いか・少ないかで，企業が資本

をどれだけ効率よく使用しているかを判定することにあります。

これに対し回転期間分析の目的は，回転期間の長さをみることによって，企業の活動状況が異常でないかどうかを判定することにあります。つまり，企業の回転期間の長さには適正な水準（例えば，同業他社の平均回転期間）というものが存在し，分析の対象とする会社の回転期間が適正水準に近いのか否かによって，会社の経営の状況を推測したりするのです。

このように，回転率と回転期間は目的に違いはあれど，あくまで同じデータから求められるものです。ですから，両者を別々に求めて使用するよりも，片方を求めてから，もう一方に換算するとよいでしょう。ここで，収益性分析で登場した，

> 資本利益率＝売上高利益率×資本回転率

という式から考えると，資本利益率を売上高利益率と資本回転率に分解しますので，まず回転率を求めてから回転期間に換算して分析するのがよいでしょう。

第 5 章

効率性分析

5. 総資本回転率＝売上高÷{(期首総資本＋期末総資本)×0.5}

　総資本回転率は，売上高によって総資本が何回転したか（総資本を何回利用して売上高となっているか），あるいは，1年間に総資本の何倍の売上高をあげたかを表す指標で，総資本の運用効率を示しています。

　一般的に，回転率が高いほど資本の運用効率が良好で，逆に低いほど資本の有効利用がなされていないことを示しています。

　では，総資本回転率が低いという結果が得られた場合，どのような原因が考えられるでしょうか。売上債権の長期滞留，設備関係の過剰投資，在庫管理の不備による過剰在庫の発生など，さまざまな要因が考えられます。つまり，これらの資本の運用方法自体に無駄やロスがあるといえるのです。このような無駄やロスは，総資本回転率の悪化を通じて，収益性分析での資本利益率の下落要因にもなります。

　さてみなさん，ここまでの話で回転率分析がなんとなくわかってきましたでしょうか。

　例えば，企業の業績の実績データから，「資本利益率が悪化している」という事実が判明したとします。そして，資本利益率を収益性の指標である売上高利益率と，効率性の指標である資本回転率に分解して考えた結果，どうやら資本利益率の悪化原因は収益性よりも効率性の悪化のほうにありそうだということがわかったとします。つまり，資本回転率の悪化が目立ったということです。しかし

これだけでは，改善策を立てられません。

　話をもっと具体的にする必要があります。「資本」という漠然としてよくわからないものを具体的にするのです。つまり資本をその構成要素である売上債権や棚卸資産・固定資産などに分解して，それぞれの回転率，つまり売上債権回転率・棚卸資産回転率・固定資産回転率を求め，資本のうちでどれを効率的に運用していないのかを明らかにします。そして，改善すべき回転率を特定し，運用効率を上昇させるためにはどのような改善策を立てるべきかを考えて，実行するのです。

　効率性分析でいろいろな回転率を求めるのは，このような分析プロセスを経るからであり，闇雲に比率を求めてもあまり意味のないことです。そして，このプロセスこそが効率性分析において最も具体的で中心になる部分であることを忘れないでください。

　では，資本回転率をさらに細かくした売上債権回転率・棚卸資産回転率・固定資産回転率とは，どのような指標なのでしょうか？一つずつ見ていきましょう。

資本の循環と各資産の概念

まめ知識

　企業は，調達した資本（この場合の資本とは「元手」のこと）をさまざまな資産に投下し，それを活用することにより投下した資本を回収します。このように，企業活動は資本が形を変えて循環する過程であり，一般的にはこのスピードが速い方が効率的な経営であるといえます。

第 5 章

効率性分析

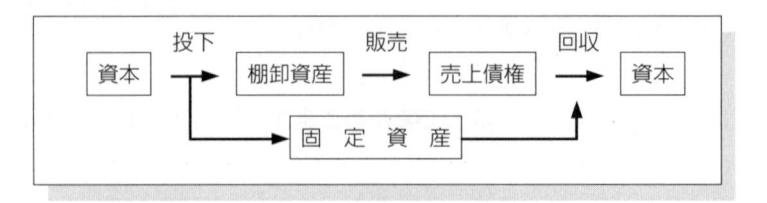

```
資本 ──投下──→ 棚卸資産 ──販売──→ 売上債権 ──回収──→ 資本
     │                                      ↑
     └──────────→ 固　定　資　産 ─────────────┘
```

　販売するために保有する資産を棚卸資産といい，具体的には商品，製品，原材料，仕掛品などが該当します。

　売上債権は，棚卸資産を販売した代金の未回収部分であり，売掛金，受取手形などが該当します。

　また，固定資産は，長期的に保有される資産であり，営業活動のために利用することを目的とするもの（例えば土地，建物，機械設備など）や投資その他の目的のために利用するもの（子会社株式や特許権など）があります。

まめ知識

6. 売上債権回転率＝売上高÷｛(期首売上債権＋期末売上債権)×0.5｝

　売上債権回転率とは，売上債権が１年間で何回入れ替わっているかを示す指標で，年間の売上債権の回転数を表します。売上債権の回転数が多ければ多いほど資本の運用効率がよいことになり，逆に回転数が少なければ少ないほど運用効率が低いことになります。

　少しわかりづらいかもしれませんが，こういうときに回転期間を求めてみると，効率性の指標がわかりやすくなると思われます。
　回転期間は，売上債権が一回転するのにどれくらいの時間がかかっているかを見る指標でした。
　一般に売上債権回転期間が，同業種の平均よりも異常に長い会社は，多額の不良債権を抱え込んでいる恐れがあるといえ，資本の運用効率が低いといえます。回転率は回転期間の逆数でしたので，回転期間が長ければ長いほど回転数は少なくなります。すなわち，回転数が少ない会社は資本の運用効率が低いのです。

　以上より，売上債権の回転数が多ければ多いほど資本の運用効率がよく，逆に回転数が少なければ少ないほど運用効率が低いということがわかっていただけたかと思います。

第 5 章

効率性分析

7. 棚卸資産回転率＝売上高÷｛(期首棚卸資産残高＋期末棚卸資産残高)×0.5｝

　棚卸資産回転率は，売上によって棚卸資産が何回入れ替わっているか(何回転したか)，あるいは，1年間に棚卸資産の何倍の売上高をあげたかを表す指標で，棚卸資産の運用効率を示しています。販売業の場合には，商品が該当し，製造業の場合には，製品，仕掛品，原材料等が棚卸資産に該当します。

　棚卸資産回転率は棚卸資産の入れ替わり回数を示す数値ということもできます。回転数が多ければ多いほど，棚卸資産の手持ち期間が短い（つまり，棚卸資産回転期間が短い）ので，資産の運用効率がよいということができます。回転率が低ければ，棚卸資産の手持ち期間が長い（つまり，棚卸資産回転期間が長い）ので，在庫の過大投資が危惧されます。

　ただし，棚卸資産の場合は，販売活動に直結しているため，あまりに，回転率が高過ぎると，手持ち期間が短すぎて，品切れ損失を発生させる危険性もあるので，適切な在庫管理との関連も考慮しなければなりません。

　一方，回転率が非常に低い場合には，販売不振による在庫増，販売力以上の過剰仕入，不適切な生産計画などが考えられます。この状態では在庫が長い時間，倉庫で眠ってしまうことになり，陳腐化したり品質が落ちて売り物にならなくなったりしてしまう恐れがありますし，在庫の保管費用がかさんでしまい会社の収益に悪影響を与えてしまうことにもなります。十分な対策が必要です。

棚卸資産回転率についてまとめてみましょう。

棚卸資産回転率が高ければ高いほど，回転期間が短いことになり，在庫が品質低下したり陳腐化することもなく，在庫費用も少なくて済むという反面，品切れを起こしやすくなり品切れ損失が発生する危険性があります。

逆に棚卸資産回転率が低ければ低いほど，回転期間が長いことになり，品質低下や陳腐化が起こりやすく，在庫費用がかさむなど，何かと損失が発生しやすくなります。

つまり，この指標は高ければよいとか，低ければよいというわけではなく，適正な在庫水準に対応する棚卸資産回転率を求め，これを達成することを目標にして生産（購買）計画・販売目標を立てて，適正な在庫管理を行うのに用いる指標といえます。

8. 固定資産回転率＝売上高÷｛(期首固定資産＋期末固定資産)×0.5｝

　固定資産回転率は，売上によって固定資産が何回転したか，あるいは，1年間に固定資産の何倍の売上高をあげたかを表す指標で，固定資産の運用効率を示しています。固定資産が有効に利用されればされるほど，売上高が増大して，その結果として固定資産回転率が改善されるという関係にあります。

　この比率が高いほど，固定資産の利用度がよいことを意味し，低いほど，固定資産の過大投資を意味します。固定資産に投下された資本は，比較的長期に渡って，生産や販売活動に利用され，減価償却によって資本回収が行われます。この比率が悪いということは，減価償却以外に，固定資産税，火災保険料，設備資金の借入利息等過大なコストがかかっていると推定できます。したがって，合理的な設備投資計画の不備等，固定資産管理を徹底的に見直すことが重要です。

〔事例分析を実際にやってみよう！〕

事例

　ここで，次のような事例を使って考えてみましょう。同じ業界に所属するA社とB社の損益計算書と貸借対照表を示しました。

効率性分析

この財務諸表からA社とB社の各種回転率，①総資本回転率，②売上債権回転率，③棚卸資産回転率，④固定資産回転率，を算出し，それぞれを回転期間に換算して比較してみましょう。

なお，比率については，少数点以下第2位を四捨五入しています。

《損益計算書》

	A社	B社
売上高	150,000	90,000
売上原価	90,000	54,000
売上総利益	60,000	36,000
販売費及び一般管理費	56,000	27,500
営業利益	4,000	8,500
営業外収益	2,600	2,400
営業外費用	4,500	2,100
経常利益	2,100	8,800
特別利益	100	50
特別損失	180	90
当期純利益	2,020	8,760

第 5 章

効率性分析

《貸借対照表》

A社

科　目	期首	期末	科　目	期首	期末
現 金 預 金	13,500	15,020	流 動 負 債	24,100	25,000
売 上 債 権	21,500	22,000	その他の流動負債	2,400	5,000
棚 卸 資 産	19,000	21,000	固 定 負 債	26,500	32,000
有形固定資産	18,000	20,000	資　本　金	20,000	20,000
その他の資産	8,000	13,000	剰　余　金	7,000	9,020
	80,000	91,020		80,000	91,020

B社

科　目	期首	期末	科　目	期首	期末
現 金 預 金	8,600	7,500	流 動 負 債	22,500	24,000
売 上 債 権	27,500	35,600	その他の流動負債	5,500	5,000
棚 卸 資 産	14,500	16,800	固 定 負 債	15,000	12,000
有形固定資産	36,800	32,200	資　本　金	40,000	40,000
その他の資産	2,600	3,200	剰　余　金	7,000	14,300
	90,000	95,300		90,000	95,300

《総資本の内訳》

	A社	B社
期中の平均残高		
負債（他人資本）	57,500	42,000
資本（自己資本）	28,010	50,650
	85,510	92,650

第 5 章

効率性分析

① 総資本回転率

結　果

ではまず，総資本回転率を求めて，分析の手がかりをつかむことにしましょう。

<A社>

総資本回転率：$\dfrac{150,000}{(80,000+91,020)\times 0.5} \fallingdotseq 1.8$（回転/年）

総資本回転期間：$1\div 1.75\cdots \times 12 \fallingdotseq 6.8$（か月/回）

<B社>

総資本回転率：$\dfrac{90,000}{(90,000+95,300)\times 0.5} \fallingdotseq 1.0$（回転/年）

総資本回転期間：$1\div 0.97\cdots \times 12 \fallingdotseq 12.4$（か月/回）

分　析

分析を始める前に，計算上の留意点を示しておきたいと思います。

回転期間を求める時に，12を乗じているのは，年を月に直すためです。12を乗じないで計算すると，年単位の回転期間になります。さらに，回転期間については，回転率から求めていますが，直接財務データから回転期間を計算することも可能です。以下の計算もこのような点を留意してください。

さて，それではA社・B社の比較をしていきたいと思います。総資本回転率はA社が年間1.8回，B社が年間1.0回となります。B社よりもA社のほうが資本を多く回転させているわけですから，資本の運用効率の面でB社のほうがやや劣勢であることがわかりま

す。また総資本回転期間を求めてみると、A社が6.8か月、B社が12.4か月となりますので、資本を投下して売上代金として回収し、再投資するまでにB社のほうが時間を要しているわけですから、この点からもB社のほうが効率性の面で劣勢であることが推測できます。

では、このようなA社とB社の差は何から生じているのでしょうか？

次に総資本回転率をさらに分解して、売上債権回転率・棚卸資産回転率・固定資産回転率を求め、B社の劣勢の原因を細かく探っていきましょう。きっといろいろ発見できるはずです。

② 売上債権回転率

|結 果|

<A社>

売上債権回転率：$\dfrac{150,000}{(21,500+22,000)\times 0.5} \fallingdotseq 6.9$(回転/年)

売上債権回転期間：$1 \div 6.89\cdots \times 12 \fallingdotseq 1.7$(か月/回)

<B社>

売上債権回転率：$\dfrac{90,000}{(27,500+35,600)\times 0.5} \fallingdotseq 2.9$(回転/年)

売上債権回転期間：$1 \div 2.85\cdots \times 12 \fallingdotseq 4.2$(か月/回)

|分 析|

A社の回転率はB社の回転率より大きく、A社の回転期間はB社の回転期間よりも短いことがわかると思います。では、これはどう

いう意味なのでしょうか，そしてＡ社とＢ社のどのような状況が読み取れるのでしょうか。

　回転率が大きいということは売上債権の回転が速いことを意味します。この例では，Ａ社の回転率が6.9回でＢ社の回転率が2.9回となっています。Ａ社の回転率のほうが大きく，売掛債権をすばやく回収して資金を効率的に運用していることが読み取れます。

　このことは，回転期間を求めてみるとよりわかりやすくなります。Ａ社の回転期間は1.7か月，Ｂ社の回転期間は4.2か月で，Ｂ社のほうがＡ社よりも，回転期間が異常に遅くなっています。２倍以上の差です。これにはどのような原因が考えられるのでしょうか。回転期間が長いということは，商品売上から売掛金が発生し，これが回収されるまでに長い時間がかかるということです。Ｂ社には，いわゆる不良債権が溜まっているのかもしれません。また，顧客の支払条件が厳しく手形のサイトが長いのかもしれません。あるいは，商品を売ったのはいいが，顧客がなかなか払ってくれない，又は，顧客が経営破綻して商品代金を取りっぱぐれた等，滞留売掛金が多かったり，不渡手形をつかまされたりしているということも考えられます。下手をするとＢ社も連鎖倒産する危険性すらあるのです。

　このように，売上債権回転率分析は，企業の資金運用効率の善し悪しを見るとともに，分析対象の企業の財務状況を推測する手がかりにもなるのです。また，このような分析をもとに企業経営者が，債権管理の強化の必要性を認識する手がかりにもなるのです。

③ 棚卸資産回転率

結果

<A社>

棚卸資産回転率：$\dfrac{150{,}000}{(19{,}000+21{,}000)\times 0.5}=7.5$（回転/年）

棚卸資産回転期間：$1\div 7.5\times 12=1.6$（か月/回）

<B社>

棚卸資産回転率：$\dfrac{90{,}000}{(14{,}500+16{,}800)\times 0.5}\fallingdotseq 5.8$（回転/年）

棚卸資産回転期間：$1\div 5.75\cdots\times 12\fallingdotseq 2.1$（か月/回）

分析

それでは棚卸資産の効率性を分析してみましょう。回転率と回転期間は，上記のようになります。

棚卸資産回転期間が短いということは，商品を仕入れて倉庫にストックし，販売されて倉庫から出て行くまでの時間が短いことを表します。回転率はB社よりA社のほうが大きいので，当然回転期間はB社よりもA社のほうが速くなります。では，この差は何を意味するのでしょうか。

B社の在庫が1回転するのに2.1か月かかるのに対し，A社の在庫は1.6か月で1回転することになります。ここで単純に，A社のほうがB社より回転期間が短いから，効率的な棚卸資産の運用を実現していると判断するのは，ちょっと短絡的ですね。例えば，A社とB社が同じ業種に属する企業であった場合，その業界の棚卸資産回転期間の平均水準が2.0か月だったとすると，A社はあまり在庫

をもっていないことがわかり,常に品切れ損失を発生させる危険にさらされていることが考えられます。仮に,A社とB社の属する業界から継続的に商品を仕入れようと考えている会社があったとすると,その会社の担当者は,棚卸資産回転期間が業界の適性水準よりも短いA社は,安定的に商品を提供する力が乏しいと判断して,むしろ非効率な在庫管理を行っているようにも見えるB社のほうを,取引先として選ぶかもしれません。

　また逆に,A社はサプライチェーン・マネジメント(SCM:部品の調達から生産,販売まで情報を電子化して生産性を高める情報技術(IT)を活用した経営改革の手法)の導入により,少ない在庫で商品を提供する能力を確立しているかもしれません。この場合には,回転率の低さが評価され他社がA社の回転率を目標として在庫管理を改善していくかもしれません。

　このように,棚卸資産回転率は高ければ高いほどよいというわけではなく,また,低ければ低いほど危険であるという,単純な考え方で見る指標ではなく,適正な在庫水準に対応する目標棚卸資産回転率(又は回転期間)に企業がどれだけ近づけているかを見る指標であるということです。

④ 固定資産回転率

結　果

＜A社＞

固定資産回転率：$\dfrac{150,000}{(18,000+20,000)\times 0.5} \fallingdotseq 7.9$(回転/年)

固定資産回転期間：$1 \div 7.89\cdots \times 12 \fallingdotseq 1.5$(か月/回)

<B社>

固定資産回転率：$\dfrac{90{,}000}{(36{,}800+32{,}200)\times 0.5}\fallingdotseq 2.6$（回転/年）

固定資産回転期間：$1\div 2.60\cdots\times 12\fallingdotseq 4.6$（か月/回）

分析

　さて，次は固定資産回転率分析です。両社の財務諸表から固定資産回転率を求めてみましょう。答えは，上記のようになったはずです。

　A社の固定資産回転率は7.9回と，B社の2.6回と比較して高い比率となっています。これは，B社と比較してA社のほうが固定資産を効率的に運用して，少額の固定資産投資で大きな売上を獲得していることを意味しています。つまり，経営を行うに当たって設備投資計画まで考慮に入れた中長期的な経営計画に基づいて，A社のほうがB社よりも高度な設備投資計画を練り上げ，経営の効率化を図っていることがうかがえます。

　また，固定資産回転率が高いことから，効率性の他に収益性のよさも読み取ることができます。固定資産回転率が高いということは，売上高に対して固定資産が少額であることを意味します。そして，固定資産が少額であるということは，減価償却費も売上高に対して少額であることになります。つまり，売上に対する原価の割合が小さいわけですから，収益性がよいということになります。まとめていうと，固定資産回転率の高い企業は収益性もよい，ということになるのです。

　では逆に，固定資産回転率が低いということから，企業のどのよ

うな問題点が読み取れるのでしょうか。

　ここで仮に，業界全体の固定資産回転率の平均値が年間7.5回だったとしましょう。Ｂ社の固定資産回転率は2.6回ですから，Ｂ社は異常に低い水準にいることがわかります。このことからＢ社がどのような状況にいるのか推測できます。おそらくＢ社には市場規模を大幅に上回る供給能力をもった生産設備があるが，市場での実際販売量が伸び悩み，これらの設備を稼動できず遊休固定資産になってしまっていることが考えられます。こういった企業では，遊休固定資産の減価償却費がかさみ，収益を圧迫していることも考えられます。

　さて，ここで視点を変えて固定資産についても回転期間を求めてみましょう。固定資産の場合でも売上債権や棚卸資産の回転期間を求めたときと同じように，１を回転率で割れば（回転率の逆数を求めれば）はじき出すことができます。
　Ａ社は1.5か月，Ｂ社は4.6か月となります。しかし，固定資産の場合はこの数字をそのまま固定資産回転期間とは呼べません。Ａ社は1.5か月で固定資産を入れ替え，Ｂ社は4.6か月で固定資産を入れ替えているとはいえないのです。なぜなら，固定資産回転期間とは，固定資産の新旧交代までにかかる時間を表す指標ですので，固定資産の残高を減価償却費で割った数字を用いるべきだからです。つまり，固定資産回転期間は固定資産の減価償却を完全に終えるのに，何年かかるかを表すわけですから固定資産回転率の逆数を使うよりは，固定資産残高を減価償却費で割って求めた数字を用いるべきなのです。

第5章

効率性分析

おわりに

先生: 今回の講義で、企業が人気商品を仕入れたり、ライバル店より値段を下げるのはなぜかわかったでしょう。

新人: はい！ お客様に喜んでもらうためです！

先生: ん？ とても効率性分析を勉強した後とは思えない発言ですね。でも、その気持ちいつまでも忘れちゃだめですよ。お客様は神様ですから（笑）。部長、どうですか。

部長: はい、資本の回転期間を短くして、資本の運用効率を上げるためです。

先生: はい、正解です。

新人: 部長冴えてるー！ 二日酔いのおかげですか（笑）。

部長: お、おほん。

先生: さすがですね、部長。バブルの時期は多少の非効率な投資があっても、他がカバーして、会社としては利益が出ていたから効率性はそれほど重要視されなかったんです。ところがバブル経済が崩壊してからというもの、そういう訳にはいかなくなりました。日本の企業はいかに効率的な経営を行うかということにようやく注目し始めましたね。そういう訳で今後は効率性分析はとても重要な指標になると思いますよ。

部長: 確かに…。うちもまだバブルの後遺症が残っているからなぁ。

新人: えっ，そうなんですか。知らなかった…。家に帰ったら早速分析してみよう。念のために，就職情報誌も買ったりして（笑）。

部長: こらっ！ 悪い冗談をいうな！

先生: …私も新しいクライアント探さないと。

部長: え!?

第6章
安全性分析

第 6 章

安全性分析

はじめに

先生: さてこの章では，経営分析の第三弾として，安全性分析について勉強します。

新人: 安全性というと，従業員がけがをしないように企業がどのような対策をとっているか，ということですか？

先生: 確かにそれも安全性といえるでしょうが…（笑）。ここでは違う意味ですね。

部長: 全く最近の若いもんは…。勉強が足らん，勉強が！

新人: でたっ！　久しぶりですね。

部長: からかうんじゃないっ！

先生: ははは。新人君，あまり悪ふざけが過ぎると出世に響きますよ(笑)。ここでの安全性というのは企業が安全かどうか，つまり倒産しやすいかどうか，ということです。今回の講義が終われば例えば御社が安全かどうか，なんてことも分析できますね。

新人: へー，確か我が社にはバブルの後遺症が…。そうでしたよね？　部長。

部長: あー，うー，お，おほん。確かにあることはあるが，そんなことで我が社はびくともせんぞ！

先生: 果たしてそうでしょうか…。

新人: え？　危ないんですか？　うちの会社。

部長: ま，また先生，悪い冗談を…。

第 6 章

安全性分析

先生: ははは。悪い冗談かどうかは講義が終わってから考えてみましょう。

第 6 章

安全性分析

1. 安全性分析の全体像
～倒産しそうな企業を見抜く

　経営分析での安全性とは企業存続の安全度合（倒産するかしないかの安全度合）を示すものです。そのイメージをもった上で，各種の指標を理解しましょう。この指標の特徴は，ある一定時点の支払義務（債務）と支払手段（手持ち資金）で分析するアプローチをとっていることです。

　安全性分析では，主に下記のような五つの指標を用います。この五つの指標を利用して，企業の安全度を見ていきます。

安全性分析で用いる指標

> 流動比率＝流動資産÷流動負債×100％
> 当座比率＝当座資産÷流動負債×100％
> 自己資本比率＝自己資本÷総資本×100％
> 固定比率＝固定資産÷自己資本×100％
> 固定長期適合比率＝固定資産÷（自己資本＋固定負債）×100％

まめ知識　資産及び負債の分類

　安全性分析では決算書のうち，主に貸借対照表を利用します。貸借対照表についてはこの章以前でも触れてきましたが，今回は安全性分析を理解しやすくするために，資産及び負債についてみてみま

しょう。

　資産及び負債については，その企業の財務的流動性ないしは債務弁済能力が明らかになるように流動・固定の二つに分類されます。

> (1)　流　動　資　産
>   ①　現　金
>   ②　貸借対照表を作成した日から1年以内に現金化されるもの（貸付金，預金，売買差益を得ることを目的として短期的に保有する有価証券等）
>   ③　通常の営業取引によって生じたもの（売上債権，棚卸資産，前渡金）
>   ④　その他（前払費用，未収収益など）
> (2)　流　動　負　債
>   ①　貸借対照表を作成した日から1年以内に返済しなければならないもの（借入金，未払金，未払法人税等）
>   ②　通常の営業取引によって生じたもの（買掛金，支払手形などの仕入債務，前受金）
>   ③　各種引当金
>   ④　その他（未払費用，前受収益など）
> (3)　固　定　資　産
>   ①　有形固定資産（土地，建物，機械設備等）
>   ②　無形固定資産（特許権，鉱業権などの各種権利）
>   ③　投資その他の資産（子会社株式，長期の貸付金など）
> (4)　固　定　負　債
>   ①　長期の借入金
>   ②　社　債

2. 安全性のイメージ

　安全性とは、企業存続の安全度合を示しているということを理解してもらいました。さらに具体的には、企業の資金面での安全性ということになります。では、資金面での安全性とはどういうことなのでしょうか。

　企業は赤字を出したからといってすぐに倒産することはありません。なぜなら、赤字を出しても期限の到来した負債を返済する力がある限り、取引上も法律上も問題ないからです。

　しかし、支払義務を履行できなくなると話は別です。手形や小切手の不渡りを出したりすると、信用が失墜し銀行との取引ができなくなりすぐに倒産につながります。たとえ黒字であっても支払いができなくなると倒産してしまいます。これがいわゆる黒字倒産です。このような点から、企業の安全性は支払能力が十分であるかどうかということになるのです。

　家計を例にとって考えてみると、毎月支払う住宅ローンや車のクレジットの支払いと、毎月の給料や生活費とを比較してみることと同じです。一般的に、ローンの返済額は毎月の給料の40％以内としておかなければならないといわれていますが、これも一種の安全性分析といえます。もし、生活費とローンの返済額の合計が給料を超えるようであれば、ローンの返済のためにまた借金をするという事態になるはずです。これでは、近い将来自己破産になるでしょう。このような状態を経営データから見抜くのが安全性分析の真髄といえましょう。

　それでは、具体的な指標を使って安全性分析を考えてみましょう。

3. 流動比率＝流動資産÷流動負債×100%

　流動資産と流動負債は貸借対照表に掲載されています。流動資産は原則として１年以内に現金化されるものであり，流動負債は原則として１年以内に支払期限が到来する債務を示します。つまり流動比率とは，１年以内に支払わなければならない債務に対して，一年以内に現金化される資産がどれくらいあるのか，返済資金の手当てができているのかを示す指標となります。

　言い換えると，１年以内に現金化される資産で，１年以内に期限を迎える負債を返済できるかどうかを示しているともいえます。

　アメリカで銀行が資金の貸出しをするときに，融資先の審査でこの流動比率を重視したことから，流動比率はバンカーズレシオ（銀行家比率）とも呼ばれていました。

　流動比率には「２：１の原則」と呼ばれる基準があります。流動資産：流動負債が２：１，つまり，流動資産が流動負債の２倍以上あれば理想的な財務内容であると判断するのです。「２：１の原則」は，流動資産に計上されている資産を帳簿価額の半分の値段で処分しても融資を全額回収するのに十分であろうという，資金の貸手の立場での考え方に基づいています。つまり，融資を行うときに流動資産の担保価値を，少なく見積もって帳簿価額の半分ぐらいとすれば，安全に融資を回収できるだろうと考えていたのです。

　しかし，日本の大手企業の流動比率をみると，なかなか「２：１

の原則」という安全性基準をクリアーしている企業はありません。だいたいの企業が110～120%くらいです。では，なぜ日本のほとんどの企業は流動比率が低いのでしょうか。

日本企業では古くからメインバンクとの親密な関係を維持し，資金繰りが危なくなればメインバンクが一時的な融資に応じ，資金の手当てができるまで面倒を見てくれるというような風潮がありました。従来は，このようなメインバンクの存在があったからこそ，流動比率が小さくともさほど危険であるとは判断されていませんでした。

また，高度経済成長を持続してきたことも流動比率を小さくした原因となります。というのは，高度経済成長のもとでは，資産価値はむしろ帳簿価額よりも大きくなる傾向があり，前述のように担保価値を帳簿価額よりも小さく見積もる必要がなかったのです。

このような歴史的背景があるため，日本企業の流動比率は一様に低い水準にあるのです。しかし，バブル経済が崩壊した今，金融機関は融資の安全性を重視するようになり，貸し渋りが横行する世の中になりました。メインバンク制も崩壊しつつあります。一般企業は自社の資金繰りの安全性を確保するため，手許資金を貯える必要性に迫られています。従来のように低い流動比率では，銀行との付き合いも難しくなり企業も生きていけなくなる危険性があります。こういった意味では日本企業の流動比率の低さは，今後は解消に向かうかもしれません。

いずれにしても，この比率が100%を割るようであると，財務状況はよくないとみなければならないでしょう。

4. 当座比率＝
当座資産÷流動負債×100％

当座比率により安全性を判断することをAcid Test（酸性テスト）と呼んだりします。なぜ酸性と呼ぶのかというと，当座比率による安全性の判断は，流動比率による場合よりも企業の安全性を厳しく見るからです。では，どのように厳しいのでしょうか。

当座資産とは，現預金・売掛金・未収入金・売買目的の有価証券などで，1年以内に確実に換金できる資産をいいます。したがって，流動資産から商製品・仕掛品・原材料などの棚卸資産を控除したものが，当座資産ということになります。棚卸資産は流動資産に含まれるものですが，販売されるまでは現金化されないという性質をもっているので，1年以内に換金できるかどうか不明です。中には，滞留在庫になってしまうものもあるでしょうから，棚卸資産があるからといって債務弁済のための資金が確保されていると判断するのは考えものです。

そのため，当座資産を求めるときには，流動資産から棚卸資産を除いて考えるのです。また，当座資産を求めるときは，棚卸資産の他にも流動資産の中で1年以内に換金される可能性のないものを流動資産から差し引いて考えると，より正確に当座資産を求めることになり，より厳密に当座比率による安全性を判定することが可能になるでしょう。

流動比率では「2：1の原則」を達成する財務状態が理想的とい

われていると話しましたが，当座比率の場合は換金性を厳しくみていますので，「1：1の原則」を達成する財務状態が理想的といわれています。「1：1の原則」とは，1年以内に期日が到来する流動負債の返済財源を，1年以内に確実に現金化することができる当座資産でカバーできている状態をいいます。

実際には，日本企業の中に当座比率が100％を超えている企業は多くありません。それは，流動比率のところでお話したように，日本企業と金融機関の特殊な取引形態（株式相互保有やメインバンク制）が原因といえます。したがって，この比率が100％を超えている場合，企業の財務状態は非常によいといえます。

最後に，流動比率と当座比率の関係を一言でいうと次のようになります。

流動比率を求める際の分子を，流動資産よりも狭く解釈して当座資産を用いることで，企業の安全性をより厳密に評価する比率が当座比率である，という具合です。

5. 自己資本比率＝自己資本÷総資本×100%

　自己資本とは，貸借対照表の「資本の部」のことで，内容は資本金と法定準備金と剰余金のことをいいます。そして，総資本とは負債と自己資本の合計のことです。つまり，貸借対照表の貸方（右側）全体のことをいいます（☞P.42　まめ知識参照）。

　資本の部に計上されているものは，株主からの出資や企業の獲得した利益のうち，会社内部に留保した分であるため，原則として返済の必要はありません。株主は資金を出資することによって株式という株式会社の所有者となる権利を得るのであり，利息を取ってお金を貸すというのとはわけが違います。また，利益のうち会社内部に留保した分は，もともと会社が自分の努力で獲得したものですから，誰に返す必要もない自分の資金です。この意味で，株主の出資金である資本や，企業の内部留保によって生まれた資本のことを自己資本と呼ぶのです。

　これに対して，負債は時期がバラバラとはいえ返済しなければならないものです。赤の他人がいくらかの利息を取ってお金を貸し会社の債権者となり，返済された後は全く関係のない赤の他人に戻るわけです。この意味で負債は他人資本と呼ばれます。

　では，会社の資金調達は他人資本である負債を多くするのと，自己資本を多くするのとどちらが安全ということになるのでしょうか。答えは簡単です。返済の必要のない自己資本によって資金のほとんどを賄うことができたほうが，安全であるといえます。つま

り，自己資本比率が高ければ高いほど安全性は高いといえるのです。逆に自己資本比率が低い場合というのは，返済義務のある負債による資金調達が多いことを表しますから，綿密な返済計画を立て，期日に返済資金を手許に残せるように資金繰りを考えなければなりません。そして，資金繰りに失敗しデフォルト（債務不履行）し，取引している金融機関が一時的な資金援助さえも断ってきたら，どんなに利益を出している会社でも倒産の憂き目に遭います。これを比率で表したものが自己資本比率です。

　一言でいうと自己資本比率は，お金の調達方法から企業の安全性を見ようとした指標である，といえるでしょう。

6. 固定比率＝固定資産÷自己資本×100%

　固定資産とは，土地や建物などの不動産や子会社の株式などで長期間資金が拘束されてしまうものです。したがって，この固定資産の取得のためには，長期間返済が猶予されているような資金を手当てしておかなければ，たちまち返済が苦しくなってしまいます。30年間利用する工場の建設資金をすべて来年に支払うというようなことは通常無理なはずです。

　固定資産の購入のためには返済の必要のない資金が用意されていれば，非常に安全性が高いといえます。返済の必要のない資金とは，自己資本のことです。つまり，新事業を立ち上げるために巨額の投資をするときに，その投資のための資金を借入れなどの返済の必要のあるもので調達するのではなく，返済の必要のない株式を新たに発行して株主から資金を調達すれば，返済資金の手当てを考えることなく投資が可能になりますから，会社の資金繰りは楽に（安全性が高く）なるのです。

　このような観点から，固定資産について返済の必要のない資金でどの程度カバーできているかを判定するために固定比率を利用するのです。固定資産よりも自己資本のほうが多い，つまり固定資産の調達を全額返済の必要のない自己資本で賄っている場合は固定比率が100%以下になります。したがって，固定比率が100%を割るような場合，その会社は長期の資金計画上非常に安全性が高いといえます。

第6章

安全性分析

7. 固定長期適合比率＝固定資産÷（自己資本＋固定負債）×100%

　固定比率が100%を割っていれば非常に安全性が高いといえますが，わが国の現状では戦後の経済復興以来直接金融（株式の発行など，投資家から金融機関を介さずに資金調達をすること）よりも借入金（間接金融）に依存してきた経緯がありますので，固定資産への投下資金を，自己資本だけで賄える会社はほとんどないものと思われます。多くの日本企業は運転資金の他に多額の設備資金を金融機関から長期借入れによって調達し，固定資産へ投下する資金の手当てをしています。長期間利用する固定資産の購入資金について，返済の必要のない自己資本と長期間にわたって返済する固定負債で賄うということです。

　そこでこのような現状を踏まえ，固定資産の購入は自己資本と固定負債で賄われるべきであるという，より現実的な考え方を反映させたのがこの固定長期適合比率です。これにより，固定資産の購入資金が自己資本と固定負債でどの程度，賄われているかがわかります。もしこの比率が100%を超えるようなことがあれば，1年以内に返済期限が到来するような債務で固定資産の一部を購入していることになり，非常に危険であるといえます。

第 6 章

安全性分析

〔事例分析を実際にやってみよう！〕

事 例

それでは，事例を使って実際に安全性分析をやってみましょう。下にC社とD社の貸借対照表を掲示しました。この貸借対照表を使って，各種の比率，①流動比率，②当座比率，③自己資本比率，④固定比率，⑤固定長期適合比率を求めC社とD社の安全性を比較してみましょう。

なお，比率については，小数点以下第2位を四捨五入しています。

《貸借対照表》

C社

科 目	金額	科 目	金額
現 金 預 金	14,000	流 動 負 債	21,000
売 上 債 権	17,520	固 定 負 債	28,300
棚 卸 資 産	17,800	資 本 金	24,000
固 定 資 産	33,000	剰 余 金	9,020
	82,320		82,320

第 6 章

安全性分析

D社			
科　　目	金額	科　　目	金額
現 金 預 金	7,500	流 動 負 債	37,000
売 上 債 権	10,850	固 定 負 債	27,500
棚 卸 資 産	16,800	資 本 金	20,000
固 定 資 産	58,650	剰 余 金	9,300
	93,800		93,800

① **流動比率**

結 果

＜C社＞

$$\frac{14,000+17,520+17,800}{21,000} \times 100 ≒ 234.9\%$$

＜D社＞

$$\frac{7,500+10,850+16,800}{37,000} \times 100 = 95.0\%$$

分 析

　流動比率ですので流動資産（ここでは現金預金・売上債権・棚卸資産）を流動負債（ここでは仕入債務のみ）で割ります。

　前述のように流動比率は「2：1の原則」（流動資産が流動負債の倍あれば安全とする原則）を満たしていれば安全という判断をしますので，C社はこの基準を問題なくクリアーしていますが，D社は95％と低い数字になっています。このとき，仮にD社が黒字を出

している企業だったとしても，日々の決済資金が上手く手当てできなければ黒字倒産する危険があります。D社の財務担当者は，資金ショートを起こさないために綿密な資金繰り計画を立て，急場をしのぐとともに，手許資金を厚くするため新規投資を手控えたり，配当を減らしてなるべく流動性のある資産を会社内に保留する必要に迫られるでしょう。D社の安全性は綱渡り，まさに火の車になっているということが読み取れます。

このように，流動比率は流動資産と流動負債のバランスから，企業の安全性を読み取る指標となります。

流動比率とその比率に基づく判断をまとめると下の表のようになります。ここで注意するべきなのは，流動比率が200％を下回っているからといって，すぐに資金ショートが起きるとは限らないということです。流動負債の返済期日にあわせて流動資産を上手く資金化して乗り切れれば，いくら流動比率が小さくとも会社を生かすことができるからです。

ただし，100％を割っているような場合には，資金繰りも相当な綱渡り状態にあり危険であることは間違いないでしょう。

資産負債バランス	流動比率	判断
流動資産≧流動負債×2	流動比率≧200％	安全性に問題なし
流動資産＜流動負債×2	100％≦流動比率＜200％	資金繰り注意
	流動比率＜100％	危険

② 当座比率

結果

＜C社＞

$$\frac{14,000+17,520}{21,000} \times 100 \fallingdotseq 150.1\%$$

＜D社＞

$$\frac{7,500+10,850}{37,000} \times 100 \fallingdotseq 49.6\%$$

分析

　それでは，酸性テストと呼ばれる当座比率によってC社，D社の安全性を見てみましょう。当座比率を用いる際に使う当座資産は，流動資産のうちですぐに現金化できるもののみに限定されますから，ここでは，現金預金と売上債権のみが当座資産になります。棚卸資産はいったん販売されてから現金化されるものですので，すぐに現金になるかどうかは不明確ですから，当座資産には含まれません。

　では，実際に求められた比率を見てみましょう。C社は150.1％と高く，「1：1の原則」（当座資産が流動負債よりも多ければ安全と判断する原則）を満たしていますから，厳しく見ても会社は安全であるといえます。その反面，D社は49.6％とかなり低い水準です。現金預金と売上債権の金額に比べて仕入債務が多すぎるのです。D社の台所はまさに火の車といえます。このときD社は，仕入債務の返済のために売上債権をがっちり回収するとともに，足りな

い部分は金融機関から短期資金の借入れ（当座借越・手形借入など）を行うといったような急ぎの資金繰りに迫られるでしょう。ただし，担保になるような資産を他にもっていなかったとしたら，借入れもできずいよいよ資金ショートが現実的となるでしょう。

　このように，当座比率は流動比率よりも厳しく安全性を判断する指標です。流動比率が低い企業があって，当座比率も低いときは，いよいよ危険だと判断することになります。

　ただし，流動比率も当座比率も高ければ高いほどよいというわけでもありません。なぜなら，流動比率や当座比率が高いということはそれだけ手許に余剰資金があることを示しているからです。投資家の視点から見ると，余剰資金があるなら配当金を増やすなり自社株の買入消却を行うなどして，株主に利益を還元するべきであるという意見が出るでしょうし，余剰資金を企業の将来の投資（新規事業や他企業の買収など）に利用していないのではないかという，経営者に対する批判が出てくるからです。

　ですから，当座比率も流動比率も企業経営を安全に行うためには高い比率を維持したほうがよいのですが，あまり比率が高すぎても株主の利益を無視していることになり，会社としての評価は下がることになるといえます。

　適度なバランスを保つ企業がよい企業ということになります。

第 6 章

③ 自己資本比率

結 果

<C社>

$$\frac{24,000+9,020}{82,320} \times 100 ≒ 40.1\%$$

<D社>

$$\frac{20,000+9,300}{93,800} \times 100 ≒ 31.2\%$$

分 析

さて次は自己資本比率です。自己資本比率は他人資本である負債と自己資本、つまり返済の必要のある資金と返さなくてもよい資金のどちらが多いのかによって、会社の安全性を見ようとする指標でした。具体的には、資本金と剰余金（つまり、資本の部）を総資本額で割って求めます。

C社は40.1％で、D社は31.2％です。D社よりC社の自己資本比率が高い、つまり、相対的に自己資本による調達が多く、他人資本による調達が少ないので、C社のほうが安全性は高いといえます。

ただし、この自己資本比率も高ければ高いほどよいというわけではありません。確かに、経営分析を行う上で自己資本は高ければ高いほど企業の安全性が高いということになります。しかし、利益の内部留保という観点からすると、他人資本の利用も考えるべきです。他人資本である負債によって調達した資金で負債利子を上回る利益をあげることができれば、上回った分はすべて会社の利益とな

り留保されます。

一方自己資本で調達した資金の場合は利益をたくさんあげれば、あげた分だけ株主にたくさん配当しなければなりません。ですので、ある程度は負債による資金調達を増やして企業の利益を伸ばすことも考えなければならないのです。

自己資本比率が異常に高い企業は、安全性が高い反面、大きな利益をあげ内部留保をする機会を逃している企業であるという可能性もあります。自己資本比率にも適正水準というものが存在するということを理解してください。

④ 固定比率

結 果

＜C社＞

$$\frac{20,000+13,000}{24,000+9,020} \times 100 ≒ 99.9\%$$

＜D社＞

$$\frac{55,450+3,200}{20,000+9,300} \times 100 ≒ 200.2\%$$

分 析

それでは、固定比率についてみていきましょう。固定比率は、固定資産を自己資本の金額で割って求めます。この事例では、有形固定資産とその他の固定資産の合計を資本金と剰余金の合計で割って求めます。

C社の固定比率は99.9％と固定資産に対する投資資金をほぼ自己資本でカバーできています。その意味で、長期的に安全性が高いといえます。

その反面D社は200.2％と高い比率、つまり固定資産への投資の半分を他人からの借入資金で賄っているといった状況が読み取れます。これは、財務面の安全性からいうと少々余裕がないといわざるを得ません。なぜなら、資金を長期間に渡って寝かせることになる固定資産投資に対する資金を、返済の必要のある負債でかなり賄っていることになるからです。当然のことながら、D社の資金繰りは長期的に余裕のないことになるでしょう。

ただし、固定比率が高く、つまり固定資産投資を自己資本でカバーできていないからといって、D社は危険性の高い企業だと判断するのは短絡的です。

先ほども述べたとおり、従来日本企業は金融機関との親密な付き合いによりメインバンク制が発達し、長期的な資金調達を資本によることなく、金融機関からの設備資金借入れによって行ってきた経緯があります。つまり現実的には、固定資産投資のための資金を必ずしも自己資本によってのみ調達しているわけではなく、長期の借入金による資金調達も行っているのです。そこで、より現実的な視点に立って安全性分析を行うためには、固定比率に合わせて次の固定長期適合比率も検討し、自己資本と長期借入金によってどれだけ固定資産への投資資金がカバーされているかを考慮する必要があるのです。

⑤ 固定長期適合比率

|結　果|

＜C社＞

$$\frac{20,000+13,000}{25,600+2,700+24,000+9,020} \times 100 ≒ 53.8\%$$

＜D社＞

$$\frac{55,450+3,200}{24,000+3,500+20,000+9,300} \times 100 ≒ 103.3\%$$

|分　析|

　固定長期適合比率は，先ほども述べたとおり固定比率よりも現実的に考えます。ここでは，分母に自己資本と固定負債を加えた数字を使って固定資産を割ります。

　C社は53.8％と出ています。100％を割っていますので，固定資産とその調達源泉のバランスは取れていることがうかがえます。まず問題ないといえるでしょう。

　固定比率では余裕のない状態であると判断されたD社はどうでしょうか。D社の長期適合比率は103.3％となっています。固定資産への投資のほとんどは安定的な資金，つまり自己資本と固定負債で調達できているといえます。3.3％ほどオーバーしているので，若干の不安は残りますが，今すぐ会社が危険となるかどうかはまだわからないといったところとなるでしょう。

　この比率が，100％を大幅に超えている場合には，かなり危険な

状態にあるとみてよいでしょう。固定資産の一部について、短期間で返済しなければならない資金を利用していることになるからです。身近な例で考えても、例えば住宅を購入する場合、自己資金と公庫などの30年近いローンを利用するはずです。自己資金と長期のローンでは足りないため、カードローンなどを利用して住宅を購入するということを考えてもらえればどんなに危険な状態かわかると思います。

まとめ

ここまでC社とD社を事例にして安全性分析の各指標を解説してきました。安全性分析の各指標はすべてがばらばらに存在するのではなく、それぞれが表裏一体の関係にあるということです。

どういうことかというと、貸借対照表の構造を思い出してください。借方には流動資産・固定資産があり、貸方には流動負債・固定負債・資本がありました。そして借方の合計と貸方の合計は必ず一致するという決まりがありました。

上記のような、貸借対照表の構造からどんなことがいえるのかというと、流動比率の高い（安全性が高い）企業は固定長期適合比率が低く（安全性は高く）なり、流動比率の低い（安全性が低い）企業は固定長期適合比率が高く（安全性は低く）なるということがいえるのです。

つまり、流動項目を比較した流動比率や当座比率で得られた分析結果からも、固定項目を比較した固定比率や固定長期適合比率で得られた分析結果からも、安全性が高いか低いかという判断においては、同じ結論が出せるはずということなのです。

ただし，どちらを用いても同じ結論が出るからといって流動比率・当座比率だけを求めて安全性分析を行ったり，固定比率・固定長期適合比率だけを求めて安全性分析を行ってよいということではありません。流動項目を用いた場合と，固定項目を用いた場合では，分析目的において決定的な違いがあります。

　その違いとは，流動項目を用いた安全性分析は，この先1年間の企業の安全性を判断するという短期的な分析であり，固定項目を用いた安全性分析は長期的な固定資産投資のための財源が，その投資期間にわたって確保できるのかといった，長期的な分析であるということです。

　このような，分析目的の違いにより上手く比率を使い分けられるようにしてください。

第 6 章 おわりに

先生: さて，安全性分析の講義が終わりました。それではお待ちかね！　御社の安全性を分析してみましょう。

部長: ……。

新人: ……。

部長: ……。

新人: ……。部長，いつになく真剣ですね。

部長: ……。まさかとは思うが，万が一の場合もあるしな。この歳でリストラでもされたらかなわん。

新人: その点，僕なんかはまだ若いし，やり直しもききますからね。部長ほど深刻にならなくていいな(笑)。よし，終わった。

部長: 私も終わった。

先生: どれどれ，見てみましょう…。

部長: ど，どうでしょう？

先生: ははは。全然問題ないですよ。超がつくほどの優良企業ですね。今のところは倒産とは無縁ですよ。

部長: 今のところは？

先生: そうです。今のところは，です。というのも，会社が長期的にも安全といえるためには正しい企業戦略に乗っ取って，正しい投資を実行していかなければならないからです。短期的には安全でも長期的には必ずしも安全で

あるとはいえない，と言うことですね。

新人: バランスが大事ってことですか。

先生: そう，バランスが大事なんです。ただ，御社の場合，長期的にも大丈夫じゃないかとは思いますけどね。

新人: どうしてです？

先生: 部長のように優秀な方が経営陣に加わっているからですよ。

新人: へぇー。部長って優秀だったんですね。いつもは頼りないのに…。

部長: な，なにを！　失礼なことを言うな！

新人: す，すいません。

先生: だから新人くん，出世に響くって…（笑）。

第7章
キャッシュ・フローの分析

第 7 章

キャッシュ・フローの分析

はじめに

先生：さて，今回はキャッシュ・フローの分析です。近年では企業のキャッシュ・フローに注目したキャッシュ・フロー経営が注目されてきているので，ここでも取り上げることにしました。具体的には『キャッシュ・フロー計算書』を分析していきます。

新人：キャッシュ・フローですか。初めて聞く言葉だな。部長はご存知です？

部長：…よくは知らないが，『キャッシュ』ってのは『お金』のことだし，『フロー』ってのは『流れ』のことだから，『お金の流れ』ってところでいいんじゃないか？

新人：そのまんまじゃないですか。それでいいんですか，先生？

先生：そう，そのまんまでいいんです（笑）。ただ，ここでいう『キャッシュ』には，手許にある現金だけじゃなく，当座預金・普通預金などの要求払預金も含まれますし，また容易に換金可能で値動きがほとんどない短期投資なども含まれます。

部長：ははぁ，では売買目的の有価証券なんかは『キャッシュ』には含まれませんね。

先生：そうですね。確かに容易に換金可能ですけど，値動きがほとんどないとは言えないですからね。

第7章 キャッシュ・フローの分析

新人：僕の友人も株に手を出して大損したって言ってました（笑）。でも先生，わざわざ『キャッシュ・フロー計算書』なんか使わなくても，現金とか当座預金なんかは貸借対照表にでも載っているじゃありませんか。

先生：確かにそうですが，貸借対照表に載っているのは決算日時点の残高ですね。でもそれらがどのように生じたものなのかは貸借対照表からは読み取れません。それを明らかにするのがキャッシュ・フロー計算書なんですよ。

新人：じゃあ，損益計算書から読み取ることはできないのですか？

先生：はい，損益計算書から読み取れるのはあくまで『損益』であって『現金収支』ではありません。例えば，減価償却費などは今期に費用として計上されていても当期に支出はありませんね。支出は当期以前になされてしまっているのですから。

新人：ははぁ，なるほど。

部長：先生，キャッシュ・フローの分析をするのにキャッシュ・フロー計算書が必要になるのはわかりました。でも，なぜわざわざキャッシュ・フローの分析をしなくてはならないのですか？　企業の業績と安全性を判断するなら損益計算書と貸借対照表があれば十分ではありませんか。

第7章

キャッシュ・フローの分析

新人:そうだそうだ！ 部長,最近頼もしいですね！

部長:そ,そうか？

先生:ははは。ほんとに頼もしいですね。それは,企業のキャッシュ・フローを生み出す能力もまた重要な判断基準だからですよ。例えば,キャッシュ・フローを生み出す能力が低い会社は,今手許にキャッシュがたくさんあってもやがて,資金繰りが苦しくなる,つまり安全性が時間が経つに連れてどんどん低くなることも考えられます。たとえその時に黒字がでていたとしてもです。

部長:『黒字倒産』ってやつですか。

先生:そうです。そこで,企業のキャッシュ・フローを生み出す能力もまた重要な判断基準となる訳です。企業の利益を生み出す能力,つまり収益力と同じくらいにね。…ちょっと話が長くなりましたね。大筋の話はこのへんにして,そろそろ本題に入りますか。用意はいいですか？

新人:はーい。

1. キャッシュ・フロー計算書とは

キャッシュ・フローとは、「お金の出入」のことです。キャッシュ・フロー計算書とは、この「お金の出入」を計算書にしたものです。損益計算書は、収益と費用の計算書であり、キャッシュ・フロー計算書とは、お金の収入と支出の計算書ということになります。

損益計算書が示す会計上の利益は、企業の採用する会計方針により影響を受けますが、キャッシュ・フローは純粋に「お金の出入」であるため会計方針の影響を受けず、したがって、企業活動の流れを透明に反映しているといわれていることから、欧米では注目されています。

キャッシュ・フロー計算書は、一会計期間におけるキャッシュ・フローの状況を一定の活動区分別に表示するものであり、貸借対照表及び損益計算書と同列に位置づけられる書類です。

損益計算書では現金の流れ（キャッシュ・フロー）はわからない！

損益計算書上、利益が出ていれば、少なくともその利益に見合った現金はその企業に存在すると思われるかもしれませんが、現実にはそうでもありません。また、損益計算書上、損失が生じていても、その企業に現金がある限り、必ずしも倒産するわけではありません。企業は小切手や手形の不渡りを出すことにより、つまり、お金を支払うことができなくなることにより、銀行取引の停止処分をうけて世間から信用を失って倒産するのです。そのため、「現金があるかどうか」、「支払能力があるかどうか」ということは会社にとっ

第 7 章

キャッシュ・フローの分析

て非常に重要なことであり，安全性分析でも勉強しました。そして，会社に「現金があるかどうか」は貸借対照表・資産の部の流動資産「現金預金」の項目でわかります。しかし，「現金をどうやって獲得したのか」までは損益計算書や貸借対照表ではわかりません。特に，損益計算書はお金の流れであるキャッシュ・フローを表すものだと勘違いされることがよくあります。

「第2章　決算書の構造を知る」（☞P. 13）で勉強したように，損益計算書は収益から費用を控除して利益を算出する形式をとることにより，その企業の経営成績を表す決算書です。長期的，つまり，設立から解散・清算に至るまでのその企業の全生涯でみれば，確かに収益と現金による収入，費用と現金による支出は一致することになりますが，一年や半年という短期で見た場合，収益や費用は必ずしも現金による収支を伴うものではないのです。現代においては，信用取引が高度に発達し，また，多額に保有する棚卸資産や長期的に使用する固定資産が存在するからです。

例えば，当期に商品を掛販売（信用取引）して売上債権を次期に回収するとした場合，当期の損益計算書には売上代金が収益として計上されますが，もちろんこれは現金による収入を伴っていません。また，40年使用する予定で10億円の工場建物を即金で購入したとしても10億円全額をその期の費用として損益計算書に計上するのではなく，40年かけて費用としていくのです。このように，損益計算書では，「いくら儲けたか」という利益はわかりますが，「現金の流れ」であるキャッシュ・フローまではわからないのです。

しかし，近年，「現金の流れ」を重視したキャッシュ・フロー経

営が話題を呼び，どのような活動によってキャッシュ（現金）を獲得したのかを表す決算書としてキャッシュ・フロー計算書が登場しました。日本でも，平成11年4月以降，キャッシュ・フロー計算書が開示されることになりました。

|まめ知識|

　ここで，キャッシュ・フロー計算書のひな形を見てみましょう。
　なお，以下では，みなさんがお目にかかることが多いと思われる連結キャッシュ・フロー計算書を扱っていますが，個別企業のキャッシュ・フロー計算書と連結キャッシュ・フロー計算書では経営分析に，本質的に異なるところがないので，気になさらなくてもけっこうです。

2. 三つに区分される資金収支とその意味

キャッシュ・フロー計算書では、一会計期間におけるキャッシュ・フローを「営業活動によるキャッシュ・フロー」、「投資活動によるキャッシュ・フロー」及び「財務活動によるキャッシュ・フロー」の三つに区分して表示します。

1 営業活動によるキャッシュ・フロー

通常の営業活動による資金の収支を表示します。次のような内容になります。

- 売上高、売上原価、販売費及び一般管理費など営業損益計算の対象となった取引に係るキャッシュ・フロー
- 取引先との間における前渡金・前受金や営業保証金の受渡しに係るキャッシュ・フロー
- 損害賠償金の支払いなど投資活動及び財務活動以外の取引に係るキャッシュ・フロー

2 投資活動によるキャッシュ・フロー

設備投資やその他の投資活動による資金の収支を表示します。次のような内容になります。

- 土地、建物などの有形固定資産や電話加入権、営業権などの無形固定資産の取得・売却に係るキャッシュ・フロー

- 貸付金の支出及び回収に係るキャッシュ・フロー
- 有価証券や投資有価証券の取得及び売却に係るキャッシュ・フロー

③ 財務活動によるキャッシュ・フロー

　営業活動や財務活動を維持するために行う，資金の調達や返済の収支を表示します。その内容は次のようになります。
- 借入れによる資金調達及び返済に係るキャッシュ・フロー
- 社債発行による資金調達及び償還に係るキャッシュ・フロー
- 株式発行による資金調達及び関連費用の支出に係るキャッシュ・フロー

　次に，実際のキャッシュ・フロー計算書の形式を確認します。営業活動のキャッシュ・フローについては，表示の仕方に直接法と間接法の二つがあります。

　直接法は，資金の出入を取引の発生形態別に総額で表現する形態です。これに対して間接法は，税金等調整前当期純利益に対して資金の増加や減少を伴わない非資金項目や貸借対照表項目の増減を加減算して資金残高を表現する形態です。実務では，間接法が主流ですのでその形態の計算書を次に示します。

第7章

キャッシュ・フローの分析

📖 間接法による連結キャッシュ・フロー計算書のひな形

Ⅰ 営業活動によるキャッシュ・フロー

税金等調整前当期純利益	×××
減価償却費	×××
連結調整勘定償却額	×××
貸倒引当金の増加額	×××
受取利息及び受取配当金	－×××
支 払 利 息	×××
為 替 差 損	×××
持分法による投資利益	－×××
有形固定資産売却益	－×××
損害賠償損失	×××
売上債権の増加額	－×××
たな卸資産の減少額	×××
仕入債務の減少額	－×××
小　　　計	×××
利息及び配当金の受取額	×××
利息の支払額	－×××
法人税等の支払額	－×××
営業活動によるキャッシュ・フロー	×××

Ⅱ 投資活動によるキャッシュ・フロー

有価証券の取得による支出	－×××
有価証券の売却による収入	×××
有形固定資産の取得による支出	－×××
有形固定資産の売却による収入	×××

貸付けによる支出	－×××
貸付金の回収による収入	×××
投資活動によるキャッシュ・フロー	×××
Ⅲ　財務活動によるキャッシュ・フロー	
短期借入れによる収入	×××
短期借入金の返済による支出	－×××
長期借入れ（社債）による収入	×××
長期借入金（社債）の返済（償還）による支出	－×××
株式の発行による収入	×××
自己株式の取得による支出	－×××
配当金の支払額	－×××
財務活動によるキャッシュ・フロー	×××
Ⅳ　現金及び現金同等物に係る換算差額	×××
Ⅴ　現金及び現金同等物の増加額	×××
Ⅵ　現金及び現金同等物期首残高	×××
Ⅶ　現金及び現金同等物期末残高	×××

3. キャッシュ・フローを利用した分析

　前章までは，損益計算書の利益と貸借対照表の資産・負債によって，収益性や安全性を分析してきました。ここでは，会計制度変更により新たに作成されることとなったキャッシュ・フロー計算書を利用した経営分析についてみていきます。

　その内容は，収益性分析に対応する「キャッシュ・フローマージンの分析」，キャッシュ・フローの使途を分析する「設備投資額の分析」，安全性分析に対応する「流動負債に対する比率」等です。

4. キャッシュ・フローマージンの分析

ここではまず、キャッシュ・フローを使った分析で収益性の分析に当たる部分をみていきます（以下、キャッシュ・フローをＣＦと略して表示します）。

1 営業ＣＦマージン＝営業ＣＦ÷売上高×100％

この指標は、売上高に対してどの程度営業ＣＦが獲得できたかを示しています。従来の分析比率のうち売上高営業利益率に相当する比率になります。ＣＦベースでのマージン比率になります。

2 営業ＣＦ当期純利益率＝当期純利益÷営業ＣＦ×100％

この指標は、営業ＣＦの中身を分析するものです。営業ＣＦの内訳は、純利益と減価償却費等の非資金項目と運転資金の増減です。このうち当期純利益が、営業ＣＦの中でどの程度のウェイトを占めているかを示しています。この率が高いほど、非資金項目か運転資本の増減による影響が低く、キャッシュの獲得能力が高いといえます。

③ 総資本営業CF比率＝営業CF÷総資本×100％

　この指標は，企業の投下した総資本と営業活動により獲得したCFとの比率により経営の効率性を判断する指標となります。つまり，収益性の分析における総資本利益率のCF版といえるでしょう。企業が投下資本をどれだけ効率よく利用し，営業CFを獲得したかがわかります。

　また，分子に営業活動によるCFだけではなく，投資活動によるCFなどを加えて，CF全体で効率性をみることもできます。

5. キャッシュ・フローの使途分析

　ここでは，ＣＦの使途について考えますが，その使途の中心は投資ＣＦになります。

１　設備投資比率＝設備投資額÷営業ＣＦ×100％

　この指標は，投資ＣＦの中で最も重要な設備投資額（支出と収入の純額）の営業ＣＦに対する比率です。設備投資額が営業ＣＦをどの程度消費しているかを示しています。逆にいえば設備投資額を，営業ＣＦでどの程度カバーできているかを示しているのです。

２　投資ＣＦ比率＝投資ＣＦ÷営業ＣＦ×100％

　この指標は，設備投資額を含めた投資ＣＦ全体に対して，営業ＣＦでどの程度カバーできているのかを示しています。投資ＣＦには設備投資だけでなく，投資有価証券や貸付金に関する収支も含まれます。数年間連続で100％を超えるようなことがあれば，過剰投資等のチェックが必要となります。

6. キャッシュ・フローによる安全性分析

ここでは、ＣＦを利用して企業の支払能力が安全かどうかを示しています。

1 営業ＣＦ対流動負債比率＝営業ＣＦ÷流動負債×100％

この指標は、流動負債に対して営業ＣＦでどの程度カバーできているかを示しています。流動比率や当座比率の場合は、分子に流動資産や１年以内に資金化される当座資産を計上します。ここでは、営業ＣＦを利用することによって、より直接的に資金流入と対比させています。

この指標で、企業の短期的な支払能力をみることができます。

2 営業ＣＦ対固定負債比率＝営業ＣＦ÷固定負債×100％

この指標は、長期にわたり返済しなければならない固定負債について、営業ＣＦでどの程度カバーできているかを示しています。逆の見方をすると、長期にわたり返済する固定負債は営業ＣＦの何倍になるのかを示しています。

この指標で、企業の長期的な支払能力の安全性を把握することができます。

7. キャッシュ・フローによる株価分析

ここでは、CFと株価の関係あるいは、投資尺度としての指標をみていきます。

1 1株当たり営業CF＝営業CF÷発行済株式数

この指標は、1株当たり利益をCFで表現したものです。株価の指標としてよく利用されるPER（株価収益率）は、株価が1株利益の何倍かを示していますが、この指標を利用すると、株価が1株当たり営業CFの何倍かということを示すことになります。米国などでは、株価と1株当たりCFとの間に相関関係が強いという傾向があります。

また、営業CFの代わりに、営業CFから設備投資額を差し引いたフリーCFを利用することもあります。

2 配当金対営業CF＝現金配当金÷営業CF×100％

この指標は、配当性向をCFで表現したものといえます。営業CFの中から配当金にどの程度資金が振り向けられたかを示しています。配当性向は当期利益に対する配当金の割合を示しています。配当金の原資は、当然のことながらキャッシュですので、原資となるキャッシュの獲得状況とその支払いを比率で表しているといえます。

第 7 章

キャッシュ・フローの分析

〔事例分析を実際にやってみよう！〕

事 例

それでは次のデータを使って，①営業キャッシュ・フローマージン，②営業キャッシュ・フロー当期純利益率，③設備投資比率，④投資キャッシュ・フロー比率，⑤営業キャッシュ・フロー対流動負債比率，⑥営業キャッシュ・フロー対固定負債比率，⑦1株当たり営業キャッシュ・フロー，⑧配当金対営業キャッシュ・フローを求めてみましょう。

なお，比率については，小数点以下第3位を切捨てています。

《連結貸借対照表》　　（単位：百万円）

科　　　　目	平成×2年3月31日現在
資 産 の 部	
Ⅰ　流 動 資 産	3,069,393
Ⅱ　固 定 資 産	
（1）　有形固定資産	1,249,751
（2）　投資その他の資産	1,979,909
固定資産合計	3,229,660
Ⅲ　為替換算調整勘定	
資 産 合 計	6,299,053
負 債 の 部	
Ⅰ　流 動 負 債	1,942,545
Ⅱ　固 定 負 債	2,396,716
負 債 合 計	4,339,261

少数株主持分	136,127
資　本　の　部	
Ⅰ　資　本　金	416,373
Ⅱ　資本準備金	559,236
Ⅲ　連結剰余金	853,695
Ⅴ　自　己　株　式	△5,639
Ⅵ　子会社の所有する親会社株式	
資本合計	1,823,665
負債，少数株主持分及び資本合計	6,299,053

《連結損益計算書》　　（単位：百万円）

科　　　目	自平成×1年4月1日 至平成×2年3月31日
Ⅰ　売　上　高	6,794,619
Ⅱ　売　上　原　価	4,633,787
売上総利益	2,160,832
Ⅲ　販売費及び一般管理費	1,822,183
営　業　利　益	338,649
Ⅳ　営業外収益	152,905
Ⅴ　営業外費用	123,426
経　常　利　益	368,128
法　人　税　等	176,973
少数株主利益	12,151
当期純利益	179,004

キャッシュ・フローの分析

第 7 章

《連結キャッシュ・フロー計算書》（単位：百万円）

I　営業活動によるキャッシュ・フロー

税金等調整前当期純利益	179,004
減価償却費	307,173
退職・年金費用（支払額控除後）	25,817
固定資産売却損	15,079
退職給付目的信託への株式拠出益	−58,698
繰延税額	18,587
売上債権の減少額	38,942
棚卸資産の減少額	43,590
仕入債務の減少額	−24,063
そ の 他	147,961
法人税等の支払額	−30,125
営業活動によるキャッシュ・フロー	663,267

II　投資活動によるキャッシュ・フロー

有価証券の取得による支出	−121,483
有価証券の売却による収入	171,868
有形固定資産の取得による支出	−368,355
有形固定資産の売却による収入	28,783
貸付けによる支出	−741,053
貸付金の回収による収入	583,104
定期預金の減少額	79,876
投資活動によるキャッシュ・フロー	−367,260

Ⅲ　財務活動によるキャッシュ・フロー	
短期借入金の返済による支出	－71,601
長期借入れ(社債)による収入	54,208
長期借入金(社債)の返済(償還)による支出	－69,889
配当金の支払額	－24,501
そ　の　他	－445
財務活動によるキャッシュ・フロー	－112,228
Ⅳ　現金および現金同等物に係る換算差額	－14,855
Ⅴ　現金および現金同等物の増加額	168,924
Ⅵ　現金および現金同等物期首残高	423,286
Ⅶ　現金および現金同等物期末残高	592,210

発行済株式数：410百万株

さて、どうでしょうか。各比率について解説していきましょう。

① **営業CFマージン**

結　果

$$\frac{663,267}{6,794,619} \times 100 \fallingdotseq 9.76\%$$

分　析

　この比率は、営業CFが売上高に比較して、どの程度大きいのかを把握するものです。営業CFの主な構成要素は、当期純利益と減価償却費なので、売上高に対する二つの比率が重要となります。

② 営業CF当期純利益率

結 果

$$\frac{179,004}{663,267} \times 100 ≒ 26.98\%$$

分 析

営業CFに占める当期純利益の割合です。営業CFを計算する構成要素のうち、一番重要であるのが当期純利益です。これは、減価償却費や債権債務の増減などの他の要因とのバランスを見る指標です。

③ 設備投資比率

結 果

$$\frac{368,355-28,783}{663,267} \times 100 ≒ 51.19\%$$

分 析

設備投資資金を営業CFでどの程度カバーしているかを見る指標です。設備投資は通常長期間にわたり、減価償却を通じて回収されるべきものです。その減価償却は営業CFの構成要素ですから、営業CFで設備投資額を賄えているのが、望ましい状態であるといえます。そのカバー率を見る指標です。

④ 投資CF比率

結 果

$$\frac{367,260}{663,267} \times 100 ≒ 55.37\%$$

> 分 析

　設備投資資金のみならず，関係会社への投資資金も含め，広い意味での投資資金を営業ＣＦでどの程度カバーしているかを見る指標です。この指標から，投資負担が企業にとって過大になっていないかが判断できます。

⑤　営業ＣＦ対流動負債比率

> 結 果

$$\frac{663,267}{1,942,545} \times 100 ≒ 34.14\%$$

> 分 析

　営業ＣＦと，1年以内に返済しなければならない負債の比率です。企業の資金的裏付けに基づく，返済能力を示す指標であり，とても重要な指標であるといえます。

⑥　営業ＣＦ対固定負債比率

> 結 果

$$\frac{663,267}{2,396,716} \times 100 ≒ 27.67\%$$

> 分 析

　営業ＣＦと固定負債との比率です。つまり，長期の有利子負債を経常的に発生する営業ＣＦで，どのくらいカバーしているかを見る指標です。営業ＣＦ対流動負債比率同様，債務返済能力を示す重要な指標です。

第 7 章

⑦ 1株当たり営業ＣＦ

結　果

$$\frac{663,267}{410} ≒ 1,617.72 円$$

分　析

発行済株式数で営業ＣＦを除した値が，この指標です。これは１株当たりの利益より，１株当たりのＣＦの方が，株価の動きを忠実に表しているのではないかといわれるようになってから，特に重視されるようになってきました。また，分子の値をフリーＣＦや総ＣＦとすることによって，異なる分析を行うこともできます。

なお，発行済株式数は期末発行済株式数（自己株式控除前）を使用しました。

⑧ 配当金対営業ＣＦ

結　果

$$\frac{24,501}{663,267} \times 100 ≒ 3.69\%$$

分　析

この指標は，ＣＦベースの配当性向です。配当は未処分利益から支払われるものですが，大切なことは手元にキャッシュがあるか否かです。その点，ＣＦ版の配当性向は，支払原資を加味した値となっています。

おわりに

第 7 章 キャッシュ・フローの分析

先生: と，まあこんな具合です。ついてこれましたか？

部長: はあ，何とか。

新人: 僕はダメでした（笑）。

先生: うーん，こまったな。確かにキャッシュ・フロー計算書自体なじみがうすいものですからね。少し簿記をかじったくらいじゃ学習しないし…。でも，キャッシュ・フローの分析が重要であることは間違いないですし，なんとかモノにはして欲しいと思います。でも，もし最後までよくわからないようなら，分析手法だけを学ぶのではなく，どうやってキャッシュ・フロー計算書を作るのか，つまりキャッシュ・フロー計算書の作成方法も学ぶといいと思いますよ。

部長: はい。頑張って勉強してみます。

新人: さすが部長！　老いてなお向学心旺盛ですね。

部長: 老いて，は余計だ。

第8章
連結財務諸表の分析

第 8 章

連結財務諸表の分析

はじめに

先生：さあ，今回は連結財務諸表分析です。

新人：連結？　ただでさえ難しいものを今度は連結するんですか！

先生：ははは。『連結』されるのは財務諸表であって，財務諸表の分析を連結するのではないよ。

新人：それでも，僕にとっては十分難しいように思えるんですけど…。部長，財務諸表の連結ってなんですか。

部長：あー，おほん。連結財務諸表は支配従属関係にある二以上の会社から構成される企業集団を単一の組織体とみなして…。

新人：部長，何をそんなに机の上をちらちら見て…。あー，カンニングしてるー！

部長：う，うるさい！

先生：…連結財務諸表原則からの引用ですね。カンニングはいけませんよ，部長（笑）。確かに部長がおっしゃるとおりで正解なんですが。もうちょっとわかりやすく説明しましょう。

　　企業が新規の事業をしようとする時，会社の中に新たな事業部を作るという方法もありますが，自分が支配する別の会社にその事業をやらせるという方法もあります。ここで，支配する会社を親会社と呼び，支配される会社を子会社と呼びます。子会社は親会社の意向に沿っ

第 8 章

連結財務諸表の分析

　て事業を進めなければなりませんので，このような支配従属関係にある親会社・子会社は，たとえ法律上は別々の会社だとしても，一つの組織であると考えられますね。このように，親・子会社からなる企業の集団を一つの組織と考えて，企業集団の財政状態と経営成績を総合的に報告するために作成されるのが連結財務諸表なのです。…わかりましたか？

新人：うーん。なんとなく連結財務諸表がどういうものなのかはわかりました。でもどうやって作るんですか？　連結財務諸表のためにわざわざ帳簿を作って，いちいち記帳なんてしてたら大変じゃないですか。

先生：お，いい質問ですね。そう，そんなことしてたらもう大変です。ですから，企業集団の中のそれぞれの会社の財務諸表を用いて作成します。もうちょっと詳しく言うと，それぞれの会社の財務諸表を個別財務諸表といいますが，このような個別財務諸表をいったん全部足して，そこから必要な項目を消去して作成するのです。よく合算，消去と言われます。

新人：なるほど。ガッサンショウキョですか。何だかお経みたいだ（笑）。…部長はご存知でした？

部長：あ，当たり前だ！

新人：カンニングしてたくせにー！

第8章 連結財務諸表の分析

1. 連結財務諸表分析の体系

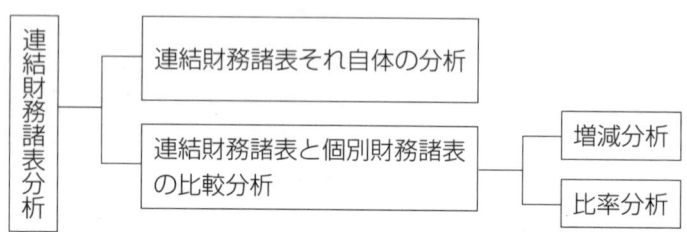

```
                  ┌─ 連結財務諸表それ自体の分析
連結財務諸表分析 ─┤
                  └─ 連結財務諸表と個別財務諸表 ─┬─ 増減分析
                     の比較分析                  └─ 比率分析
```

連結財務諸表の分析は，上記のように体系化されます。基本的に連結財務諸表それ自体の分析は，個別財務諸表分析と同じであるため，ここでは連結財務諸表と個別財務諸表の比較をする方法をみていきます。

連結財務諸表と個別財務諸表を比較分析することを，連単の比較分析ともいいます。この連単分析には二つの方法があります。勘定科目別の増減金額ベースによって比較を行う増減分析と，収益性・安全性などに関する財務比率を連結財務諸表と個別財務諸表のそれぞれについて計算して比較を行う比率分析です。

まめ知識 企業集団と連結財務諸表

会社は単独で活動することもありますが，ある程度規模が大きくなると，子会社を保有することにより一つの企業集団を構成して企業活動を行うことがあります。

この場合，親会社や子会社が独自の決算を行って作成する財務諸表を個別財務諸表といい，企業集団を単一の組織体とみなして親会

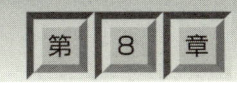

社が企業集団全体の財政状態，経営成績及びキャッシュ・フローの状況を総合的に報告するために作成する財務諸表を連結財務諸表といいます。

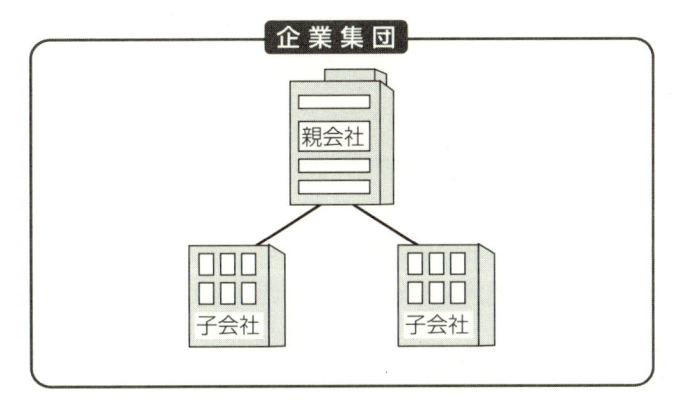

```
┌─────────────────────────────┐
│        企 業 集 団          │
│                             │
│          ┌─────┐            │
│          │親会社│            │
│          └──┬──┘            │
│      ┌──────┴──────┐        │
│   ┌──┴──┐      ┌──┴──┐      │
│   │子会社│      │子会社│      │
│   └─────┘      └─────┘      │
└─────────────────────────────┘
```

連結財務諸表は企業集団を構成する各会社の個別財務諸表を合算し，企業集団内における取引関係を相殺消去することにより作成します。

まめ知識

2. 金額による増減分析

　増減分析とは、親会社の個別財務諸表と連結財務諸表の各項目の金額を比較して、その増減している額を調べる分析です。増減分析により次のようなことを分析することができます。
- 親会社の規模に比較して、子会社群の規模はどれくらいか
- 親会社の財政状態・経営成績及びキャッシュ・フローの状況が連結によりどのような影響を受けたか
- 企業グループの経営管理体制はどのようなものか
- 企業グループ間の取引を利用した決算操作はないか　等

　では、具体的に各項目の増減分析をするに際して、ポイントとなる点を確認していきましょう。

1 総資産の増減

　連結財務諸表の総資産の金額が、親会社の個別財務諸表の総資産の金額と比較して、増減額が小さい場合には、次の事項が想定されます。
- 関係会社の中に大きな累積損失のある会社がある。
- 大きな未実現利益を含む内部取引が存在する。
- 親子会社間に異常に大きな債権債務が存在する。

2 売上債権・買入債務の増減

　一般的に、親子会社が水平的結合関係にある場合には、親子会社間の取引は多額にならないと予想されます。そのため、親子会社間の債権債務の相殺消去は少額となり、連結財務諸表の売上債権・買入債務の金額は、親会社の金額と比較して増減額は大きくなると考えられます。

　逆に、垂直的結合関係にある場合には、親子会社間の取引は多額になることが予想されるので、債権債務の相殺も多額となり、連結財務諸表の売上債権・買入債務の金額は、親会社の金額と比較して、増減額は小さくなると考えられます。

3 棚卸資産の増減

　連結財務諸表の棚卸資産の金額が、親会社の棚卸資産の金額と比較して、増加額が大きい場合には、次の事項が想定されます。
- 子会社の販売が不振である。
- 親会社から子会社へ押し込み販売が行われている。

4 貸付金・借入金の増減

　関係会社に対して貸付金・借入金がある場合には、連結財務諸表の作成に当たって相殺消去されてしまうため、連結財務諸表の金額は親会社の金額よりも減少します。ただ、その減少額が異常である場合には、関係会社に多額の資金援助が行われていると想定されます。

5 固定資産の増減

連結子会社の企業態様により増加する額は異なります。例えば連結子会社に製造業が多い場合には、増加額は大きくなります。

6 その他の剰余金の増減

増加する場合、連結子会社の収益力が高いことがわかります。逆に減少する場合、連結子会社に欠損会社が含まれていることがわかります。

7 売上損益項目の増減

売上高の増減が小さい場合には、親子会社間の内部取引が大きいと想定されます。

8 営業費項目の増減

営業費項目の増減が小さい場合、連結子会社との間で、土地建物や設備の賃貸借取引などが行われていることが想定されます。また、広告宣伝費・業務委託などの取引も親子間で実施していることも考えられます。

水平的結合関係と垂直的結合関係

親子会社の結合関係にはいろいろな形態がありますが、大きく分けると水平的結合と垂直的結合に分けられます。

ここで、水平的結合とは、親会社と子会社が異なる分野で同じような活動をしている場合の結合形態をいいます。

これに対して、垂直的結合とは、親会社と子会社が同じ分野で異なる活動をしている場合の結合形態をいいます。

例えば、親会社がA製品の生産・販売を行っていて、子会社がB製品の生産・販売を行っていた場合には、両者は水平的結合関係にあるといえます。これに対して、親会社がA製品の生産を行っていて、子会社がA製品の販売を行っている場合には、両者は垂直的結合関係にあるといえます。

第 8 章 連結財務諸表の分析

3. 比率分析

次に、比率による分析を確認します。比率分析には、次に示す連単倍率による分析と連結財務諸表と親会社の個別財務諸表で計算される各種比率の比較分析の二つがあります。それぞれのポイントを確認していきます。

1 連単倍率

この連単倍率は、次に示すような式を利用します。比較する項目は、さまざまな項目が考えられますが、代表的なものは当期純利益などです。金額による比較を比率で表現したものといえます。つまり、金額による比較を比率に変えて指数化し判断しやすくしています。

分析する上でのポイントは、前節の各項目を参照してください。

$$連単倍率 = \frac{連結上の当期の数値（連結当期売上高等）}{親会社の個別財務諸表上の当期の数値（売上高等）}$$

2 資本利益率の比較

一般的に、持分法適用会社が多い場合、連結財務諸表の資本利益率が高く算定されることが多いようです。

また、連結子会社の少数株主が多い場合には、資本利益率は比較

的低く算定されることが多いようです。

3 売上高売上総利益率の比較

親子会社間が垂直的結合関係の場合，一般的に連結財務諸表のほうが高めに算定されることが多いようです。

4 資本回転率の比較

親子会社間が水平的結合関係の場合，連結財務諸表のほうが高めに算定され，垂直的結合関係の場合には，連結財務諸表のほうが低めに算定されることが多いようです。

5 流動比率の比較

連結子会社の企業態様により債権債務の相殺消去の金額が変動しますが，一般的に連単であまり比率に差異はありません。

6 固定長期適合比率

一般的に連単であまり比率に差異はありません。

第 8 章

連結財務諸表の分析

〔事例分析を実際にやってみよう！〕

|事 例|

　それでは，次のデータを使って，①連結貸借対照表，連結損益計算書の各項目について連単倍率を求め，さらに②総資本当期利益率，③売上高売上総利益率，④総資本回転期間，⑤流動比率，⑥固定長期適合比率についても個別，連結それぞれを実際に計算し，比率による分析を確認してみましょう。

　なお，比率については，少数点以下第 2 位を切捨てています。

《連結貸借対照表》　　（単位：百万円）

科　　　目	平成×2年 3 月31日現在	
	個　　別	連　　結
資 産 の 部		
Ⅰ　流 動 資 産	2,696,267	6,739,386
Ⅱ　固 定 資 産		
(1)　有形固定資産	1,380,797	4,793,122
(2)　投資その他の資産	3,181,136	3,163,937
固定資産合計	4,561,933	7,957,059
Ⅲ　為替換算調整勘定		56,866
資 産 合 計	7,258,200	14,753,311
負 債 の 部		
Ⅰ　流 動 負 債	1,505,480	5,059,668
Ⅱ　固 定 負 債	829,500	3,373,044
負 債 合 計	2,334,980	8,432,712

第 8 章

連結財務諸表の分析

	少数株主持分		144,661
	資 本 の 部		
Ⅰ	資 本 金	397,020	397,020
Ⅱ	資 本 準 備 金	414,025	414,025
Ⅲ	連 結 剰 余 金	4,112,175	5,367,880
Ⅴ	自 己 株 式		△2,788
Ⅵ	子会社の所有する親会社株式		△199
	資 本 合 計	4,923,220	6,175,938
	負債,少数株主持分及び資本合計	7,258,200	14,753,311

《連結損益計算書》　（単位：百万円）

科　　目	自平成×1年4月1日至平成×2年3月31日	
	個　　別	連　　結
Ⅰ　売 上 高	7,525,555	12,749,008
Ⅱ　売 上 原 価	6,115,119	9,832,153
売 上 総 利 益	1,410,436	2,916,855
Ⅲ　販売費及び一般管理費	866,621	2,141,910
営 業 利 益	543,815	774,945
Ⅳ　営 業 外 収 益	166,772	214,966
Ⅴ　営 業 外 費 用	132,551	218,026
経 常 利 益	578,036	771,885
法 人 税 等	310,800	412,624
少 数 株 主 利 益		3,081
当 期 純 利 益	267,236	356,180

第 8 章

連結財務諸表の分析

<期首総資本>
連結総資本：13,854,355百万円
個別総資本： 7,025,340百万円

結 果

① 連結貸借対照表　　　　　（単位：百万円）

科　　　　目	平成×2年3月31日現在		
	個　　別	連　　結	連単倍率
資 産 の 部			
Ⅰ　流 動 資 産	2,696,267	6,739,386	2.49
Ⅱ　固 定 資 産			
(1)　有形固定資産	1,380,797	4,793,122	3.47
(2)　投資その他の資産	3,181,136	3,163,937	0.99
固定資産合計	4,561,933	7,957,059	1.74
Ⅲ　為替換算調整勘定	－	56,866	－
資 産 合 計	7,258,200	14,753,311	2.03
負 債 の 部			
Ⅰ　流 動 負 債	1,505,480	5,059,668	3.36
Ⅱ　固 定 負 債	829,500	3,373,044	4.06
負 債 合 計	2,334,980	8,432,712	3.61
少数株主持分	－	144,661	－
資 本 の 部			
Ⅰ　資 本 金	397,020	397,020	1.00
Ⅱ　資本準備金	414,025	414,025	1.00
Ⅲ　連結剰余金	4,112,175	5,367,880	1.30
Ⅴ　自 己 株 式	－	△2,788	－

Ⅵ　子会社の所有する親会社株式	－	△199	－
資 本 合 計	4,923,220	6,175,938	1.25
負債，少数株主持分及び資本合計	7,258,200	14,753,311	2.03

連結損益計算書　　　　（単位：百万円）

科　　目	自平成×1年4月1日至平成×2年3月31日		
	個　　別	連　　結	連単倍率
Ⅰ　売 上 高	7,525,555	12,749,008	1.69
Ⅱ　売 上 原 価	6,115,119	9,832,153	1.60
売 上 総 利 益	1,410,436	2,916,855	2.06
Ⅲ　販売費及び一般管理費	866,621	2,141,910	2.47
営 業 利 益	543,815	774,945	1.42
Ⅳ　営 業 外 収 益	166,772	214,966	1.28
Ⅴ　営 業 外 費 用	132,551	218,026	1.64
経 常 利 益	578,036	771,885	1.33
法 人 税 等	310,800	412,624	1.32
少 数 株 主 利 益	－	3,081	－
当 期 純 利 益	267,236	356,180	1.33

分析

　個別財務諸表と比較して連結財務諸表における総資産連単倍率は，およそ2倍となっています。一方負債の連単倍率は3.6倍ですので，資本の連単倍率は1.25倍となっています。

　売上総利益の連単倍率がおよそ2倍にもかかわらず，親会社以外の企業グループにおける販売費及び一般管理費の負担によって，営業利益の連単倍率はおよそ1.4倍となっています。

ただし，連単倍率のみを利用する時には，気を付けなければならない点があります。それは連単倍率が高い場合，親会社以外の企業グループの業績がよいというわけとは必ずしもいえません。なぜならば，親会社の業績が悪く当期利益が少ない場合，連単倍率は上がることがあるからです。

結果

	連結財務諸表	個別財務諸表
②総資本当期利益率	2.49%	3.74%
③売上高売上総利益率	22.87%	18.74%
④資本回転期間	13.46か月	11.38か月
⑤流動比率	133.19%	179.09%
⑥固定長期適合比率	82.08%	79.30%

＜連結財務諸表＞

② 総資本当期利益率 $= \dfrac{356,180}{(13,854,355+14,753,311) \div 2} \times 100$

$\fallingdotseq 2.49\%$

③ 売上高売上総利益率 $= \dfrac{2,916,855}{12,749,008} \times 100 \fallingdotseq 22.87\%$

④ 総資本回転期間 $= \dfrac{(13,854,355+14,753,311) \div 2}{12,749,008 \div 12 \text{か月}} \fallingdotseq 13.46\text{か月}$

⑤ 流動比率 $= \dfrac{6,739,386}{5,059,668} \times 100 \fallingdotseq 133.19\%$

第 8 章 連結財務諸表の分析

⑥ 固定長期適合比率 $= \dfrac{7,957,059}{6,175,938+3,517,705} \times 100 \fallingdotseq 82.08\%$

固定負債＝固定負債＋少数株主持分
　　　　＝3,373,044＋144,661＝3,517,705

＜個別財務諸表＞

② 総資本当期利益率 $= \dfrac{267,236}{(7,025,340+7,258,200) \div 2} \times 100$
$\fallingdotseq 3.74\%$

③ 売上高売上総利益率 $= \dfrac{1,410,436}{7,525,555} \times 100 \fallingdotseq 18.74\%$

④ 総資本回転期間 $= \dfrac{(7,025,340+7,258,200) \div 2}{7,525,555 \div 12\text{か月}} \fallingdotseq 11.38\text{か月}$

⑤ 流動比率 $= \dfrac{2,696,267}{1,505,480} \times 100 \fallingdotseq 179.09\%$

⑥ 固定長期適合比率 $= \dfrac{4,561,933}{4,923,220+829,500} \times 100 \fallingdotseq 79.30\%$

分析

　資本利益率は，連結財務諸表が2.49％，個別財務諸表が3.74％と連結財務諸表のほうが低くなっています。親会社以外の企業グループ全体の資本利益率が親会社より低かったことが原因といえるでしょう。

第 8 章

連結財務諸表の分析

　資本利益率は，売上高利益率と，資本回転率に分解することができます。連結のそれは，2.79％，0.89，個別では，3.55％，1.05となります。利益率という収益性の面でも，回転率という効率性の面でも連結のほうが低い数字となっています。親会社以外の企業グループが，収益性，効率性の両面で親会社に比べ業績が今ひとつであったということがいえます。

　一般的には，連結子会社の少数株主が多い場合，資本利益率は低く算定されることが多いようです。

　売上総利益率は，連結22.87％，個別18.74％と連結の方が高い数字です。粗利の段階では，親会社よりも親会社以外の企業グループの方が利益率が高いということがいえます。

　一般的には，垂直的結合の場合，連結財務諸表のほうが高めに算定されることが多いようです。

　資本回転期間は，連結が13.46か月，個別が11.38か月と連結のほうが長くなっています。上記でも述べたように，親会社以外の企業グループが，効率性の面で業績が今ひとつであったということがいえます。

　一般的には，垂直的結合の場合，連結財務諸表のほうが長めに算定されることが多いです。

第 8 章

連結財務諸表の分析

おわりに

先生：さて，連結財務諸表の分析を見てきましたが，どうでした？

新人：はぁ，計算自体は今までやってきたことの繰り返しですからそれほど難しくなかったんですけど，やっぱり連結財務諸表をどうやって作るのかがわかってないと，いまいちピンとこないです。

先生：そうだね。やっぱり経営分析は財務諸表のデータを加工して分析するわけだから，より深く理解するには，財務諸表の作成についての知識は不可欠だね。

新人：はぁ…，まだまだやらなければいけないことがたくさんあるってことか。…部長，さっきからなに読んでるんですか。

部長：何って，その…。

新人：ちょっと見せてくださいよ。なになに…，「やさしく学べる連結会計」？　部長ずるいー！　また先生に誉められようと思って自分ばっかりこっそり勉強しちゃって。

部長：ばかもん！　先生に薦められたんだ。

先生：そう，私が薦めたんですよ。部長さんがなにかわかりやすい本がないかって聞かれるもんで。

新人：へぇー。あ，これも先生が書いた本だ。でも，僕には難しそうだな。

先生：そうですかねぇ…。できるだけやさしく書いたつもりで

169

第 8 章

連結財務諸表の分析

すけど…。部長さん，どうですか？
- **部長**：はい，最初はどうも連結会計っていうのは難しいというイメージがあったんですけど，この本を読むと，そうでもないことがわかりました。
- **新人**：ははぁ，部長が難しくないっていうなら，僕にでも読めそうだな。
- **部長**：なーにー!?
- **新人**：じょ，冗談ですよ，冗談。ところで先生，この本を読めば，連結財務諸表の作り方がわかるんですか。
- **先生**：そうですね。本格的に連結財務諸表を作ろうとしたらそれだけじゃ足りないと思いますけど，作成に当たっての基本的な考え方はすべてわかりやすく載せてありますから，入門にはもってこいだと思いますよ。…なんだか手前味噌になっちゃいますけどね（笑）。
- **新人**：…なるほど。じゃあ，僕も部長を見習ってさっそく読んでみます。
- **先生**：感心，感心。向学心旺盛ですね。部長さんに負けないくらいに新人くんも頑張ってください。
- **新人**：はい，頑張ります。ただ，「部長に負けないくらい」ってのは無理だと思いますけど。
- **部長**：よくわかってるじゃないか。
- **新人**：……。

第9章
業界平均や他社との比較で学ぶ

第 9 章

業界平均や他社との比較で学ぶ

はじめに

先生: さて，今回からは最後のツメの部分を学んでいきましょう。今回はとりたてて新しい分析手法を学びませんが，視野をもっと広げていきます。今まで学んできたことをより有効にするために覚えておきたいことです。

部長: …というと？

先生: ヒントは『比較』です。

新人: ？？？　なんだかクイズ番組みたいになってきましたね。

先生: それでは正解をみてみましょう。

第 9 章

業界平均や他社との比較で学ぶ

1. 指数化して自社の実力を知る

　ここまで，私達は，さまざまな経営分析の手法を学習してきました。経営分析の大きな三つの切り口によって，自社の収益性（成長性），安全性，効率性を知ることができました。

　これらの分析結果が，学校の成績表と異なるのは，成績表が相対的評価であるのに対し，自社の経営分析の評価は絶対的評価であるということです。そこで，自社のレベルを知るためには，同じ業界に属する同業他社との比較（絶対的評価値の比較）が必要です。それによって，自社の実力を把握することができます。

　この場合，比較する対象企業を一つとするのではなく，同業種あるいは，ほぼ同じ規模の複数企業を対象とし，これらの平均値として各種比率を参考にすると，比較判定基準としての有用性は高くなるといえるでしょう。

　なお，注意を要するのは，ある企業の財務比率と他企業の財務比率を比較する場合には，企業環境や会計処理の相違から，比較妥当性が損なわれる危険性があるという点です。経営分析者がこの点を十分に承知し，さまざまな相違点を勘案した上で比較検討すればさらに，企業評価としての経営分析の有用性は高まるといえるでしょう。

第 9 章

業界平均や他社との比較で学ぶ

まめ知識

異業種に属する企業との比較

宝石販売業は一般的に売上高売上総利益率は高い傾向を示します。一方で，薄利多売型の家電量販店の売上高売上総利益率は当然低くなるといえるでしょう。

このように，その企業が属する業界の事情によって各指標の示す数値が特殊な場合があります。宝石販売業と家電量販店について売上高総利益率を比較してもあまり意味のある分析結果は得られません。異業種に属する企業と比較する場合は注意してください。

まめ知識

2. 業界の成長性を知る

　自社が属する業界の成長性を示す財務比率を専門誌や新聞情報で入手し，経営分析に役立てることも有効です。単独企業の数値だけでなく，その企業の属する業界自体がどのような環境にあるのかを分析しておくことも非常に重要なことです。

業界平均や他社との比較で学ぶ

第9章

おわりに

新人: なぁーんだ。言われてみれば当たり前のことじゃないか。

先生: そうです。当たり前のことですね。でもこの当たり前のことが重要なんです。

新人: 僕はてっきりまた難しい話になるんじゃないかと思ってひやひやしてましたよ。

先生: ははは, そんな「ひやひや」なんておおげさな。少しは部長さんを見習わないと。どっしりと構えてるじゃないですか。

部長: ……。

新人: …僕にはほっとした表情をしているように見えるんですけど…。気のせいですかねぇ…。

第10章
財務数値に表れない要因について

第 10 章

財務数値に表れない要因について

はじめに

先生: さて，今回でとうとう私の講義も終わります。今まで主に財務諸表に記載されている数値を通して会社というものを見てきたわけですが，それだけで会社のすべてを把握できると考えるのは早計だということを確認しておきましょう。

新人: ま，まだあるんですか!? これ以上難しい話をされたら頭がパンクしちゃいますよ。ね，部長？

部長: …うむ。

先生: ははは。二人してそんなに露骨に嫌がらなくっても…。心配しなくても難しい話はしないから安心していいですよ。

新人: ほっ。ひとまず安心。よかったですね，部長。

部長: …うむ。

新人: …今日は珍しく気が合いますね（笑）。

部長: …うむ。初めてかもしれんな（笑）。

第10章 財務数値に表れない要因について

1. 従業員の実力

　会社の従業員のような人的資源は，企業の独自性を象徴する固有の経営資源といえます。これは，企業が長年，経営者と従業員とともに働き，創造・学習することにより，シナジー（相乗）効果がもたらされ，企業独自のノウハウ・経営資源として，他社にない企業競争上の比較優位を生み出すという性格のものです。

　このような人的資源の実力は見えざる経営資源であり財務数値には表れません。よって，経営分析上もこれらを判定する指標が直接的には存在しないので，経営分析以外の観点から検討しなければなりません。

　人事に関する情報をさまざまな角度から入手し，評価していくことが考えられます。

第 10 章

財務数値に表れない要因について

2. インフレ状況下の財務諸表

　会計数値は，過去の貨幣価値で表現されます。したがって，貨幣価値に大きな変動があれば，それぞれ算出された比率を相互に比較してもあまり意味がないことになります。例えばインフレの激しい状況下では，このようなことが起こり得ます。したがって，このような場合には経営分析にも限界があることも知っておかなければなりません。

3. 経営者について

会社の経営には，経営者の考え方が色濃く現れてきます。特に中小企業の場合には顕著といえます。したがって，経営者の性格や考え方を把握しておくことは，経営の分析・評価を実施する場合には重要となります。

例えば，その経営者が米国に留学しＭＢＡを取得しているのか，大学卒業後同族経営の会社の２代目として社会経験を積んできているのか，上場企業の同業者で修行を積んできているのか等で考え方などが異なってくるはずです。どの考え方がよい悪いということではなく，その会社の置かれている状況等から判断して適切かどうかを検討していくことは意義のあることだと思われます。

4. 株主の構成

　その企業の出資者（株主）の構成を検討します。この時のポイントは，同族グループ内だけの株主構成なのか，同族以外の外部の株主が存在するのか，外部の株主が存在する場合それはどのような株主なのかということです。会社が重要な意思決定をする場合は，必ず株主総会の決議が必要です。したがって，外部から牽制の効く株主が存在している場合には，あまりに身勝手な行動はとれないであろうと想像できます。その分だけ，経営の評価・分析をする場合，安全であるといえます。

5. 商製品の流れ

1 購　　買

　商品や材料の仕入ルートについて検討しておきます。直接業者から仕入れているのか，商社などを経由して仕入れているのかなどです。また，輸入している場合には，輸入先の国が不安定ではないかなどが重要な事項となります。地域紛争などで，仕入ルートが遮断されてしまうと経営に大きな影響があるからです。

2 販　　売

　商製品の販売ルートについて検討しておきます。顧客に直接販売するのか，商社・代理店経由なのかについてです。また商社・代理店経由の場合，商社・代理店の安全性はどうか判断する必要があります。特に，零細企業の代理店を束ねている場合などには債権管理をどのように実施しているのかが重要です。さらに，輸出がある場合も，その国の安全性等を考慮しておかなければなりません。また，著作権については，それが緩い国と厳しい国とがあり，かなり差があるように思われます。グローバルに展開している企業を分析する場合には，多岐にわたる事項について判断する必要があるようです。

6. 保証債務

　保証債務は，決算書の欄外に保証金額と内容を注記することになっています。株式を公開している会社については，そこからの情報である程度その危険性を判断することができます。しかしながら，非公開の中小企業などではそのような注記が行われているか疑わしい面があります。

　この保証債務は，ゼネコンで見られたように，履行された場合に倒産にも及ぶ可能性があるくらい重要なものです。したがって，この保証債務があるのかどうか，ある場合にはどのくらいの金額になっているのか，その履行の可能性はどの程度あるのかなどの情報を把握する必要があります。

7. 環境問題

最近では，環境問題が非常に注目を集めています。環境に配慮しない企業は生き残れないとまでいわれています。その企業の事業形態などから判断して，環境に影響のある事業なのか，影響がある場合にはどのような環境対策を講じているのかを検討することが重要です。

第10章 おわりに

財務数値に表れない要因について

先生: さて、以上で私の講義は終わりです。お二人ともお疲れ様でした。最後まで終えてみて感想はいかがだったでしょう。

部長: いやいや、先生のお話をあらためて聞いていて、自分の勉強不足を痛感いたしました。一企業人としてお恥ずかしいです。でも、おかげで視野が広がったような気がします。

新人: 僕は最後までよくわからなかったけど、少なくとも経営分析で何がわかるのかってことはわかりました。会社の経理についても興味が湧いてきたし…。今までは経理というと地味なイメージしかもってなかったんで、あまり興味がなかったんですけど。

先生: ははは、どうやら私の講義はお二人のお役に立てたようですね。良かった良かった。最初にお話したとおり、経営分析は会社の状態を知るための重要なツールです。知らなくて損することはあっても、知って損することは絶対にありません。特に、お二人とも会社にお勤めになる企業人なんですから、なおさらですね。

二人: はい。

先生: 私としては、今回の講義でお二人が得た知識がただの知識で終わらず、お仕事の中で、または日常生活の中でも

積極的に使われることを祈ってます。日々精進してくださいね（笑）。

二人：はい。

先生：最後に，お二人とも最後までよく頑張りましたね。とても優秀な生徒をもてて私は幸せでした。この調子で会社のお仕事も頑張ってください。それでは私の講義は以上です。お疲れ様でした。

二人：はい！　有り難うございました！

索　引

あ行

ＲＯＥ（Return On Equity） ………41
ＲＯＡ（Return On Asset） …………40
Acid Test（酸性テスト）………105, 114
安　全　性 ……………………………100
安全性分析……………………6, 9, 30, 100
安全余裕率（M/S 比率） ……………53
「１：１の原則」………………106, 114
インフレ状況下の財務諸表 ………180
売　上　債　権 ………………………80
売上債権・買入債務の増減…………157
売上債権回転率………………79, 81, 88
売上総利益……………………………44
売上損益項目の増減 ………………158
売上高売上総利益率……………………44
売上高売上総利益率の比較 ………161
売上高営業利益率……………44, 45, 58
売上高経常利益率……………44, 46, 58
売上高成長率……………………………61
売上高総利益率…………………………57
売上高利益率 ……30, 36, 39, 44, 53, 70, 73, 77
営業外活動……………………………46
営業活動によるキャッシュ・フロー
　……………………………………132
営業ＣＦ対固定負債比率 ……140, 147
営業ＣＦ対流動負債比率 ……140, 147
営業ＣＦ当期純利益率 ………137, 146
営業ＣＦマージン ……………137, 145
営業費項目の増減 …………………158
営　業　利　益 …………………20, 45

親　会　社 ……………………………152

か行

回　　　転……………………………69
回　転　期　間………………75, 87, 93
回　転　率………………………48, 75
貸付金・借入金の増減………………157
環　境　問　題………………………185
間　接　金　融………………………110
間　接　法……………………………133
キャッシュ・フロー計算書……126, 129
キャッシュ・フローによる安全性
　分析 ………………………………140
キャッシュ・フローによる株価分析
　……………………………………141
キャッシュ・フローの使途分析……139
キャッシュ・フローの分析…………6, 9
キャッシュ・フローマージンの分析
　……………………………………137
黒　字　倒　産 ………102, 113, 128
経　営　資　源………………………72
経　営　成　績………………………20
経　常　利　益………………………21, 46
経常利益成長率………………………61
限　界　利　益　率…………………50, 53
効　率　性……………………………71
効率性分析 ……………………6, 37, 70
子　会　社 ……………………………152
固　定　資　産………80, 101, 109, 120
固定資産回転期間……………………93
固定資産回転率 ………79, 84, 91, 92
固定資産回転率分析…………………92

索　引

固定資産の増減 …………………158
固定性配列法………………………19
固定長期適合比率 …100, 110, 119, 120
　161
固　定　費…………………………49
固　定　比　率………………100, 109, 117
固　定　負　債………………101, 110, 120
個別財務諸表 ………………153, 154

さ行

在　庫　管　理………………………91
在　庫　費　用………………………83
財　政　状　態………………………16
財　務　活　動………………………46
財務活動によるキャッシュ・フロー
　………………………………133
自　己　資　本……41, 107, 109, 110, 116
自己資本回転率……………………48
自己資本経常利益率……………41, 58
自己資本成長率……………………60
自己資本比率 ………………100, 107, 116
自己資本利益率……………………41
資　　　産…………………………17
品切れ損失 ……………………82, 91
資　　　本……………………17, 120
資本回転率……30, 36, 39, 48, 70, 73, 77
資本回転率の比較 ………………161
資本の運用状態……………………16
資　本　の　循　環……………………79
資本の循環過程……………………69
資本の調達源泉……………………16
資本利益率………30, 36, 70, 73, 77
資本利益率の比較 ………………160
収　　　益…………………………20
収益性(成長性)分析………6, 9, 30
従業員の実力 ……………………179

生産性分析…………………………30
正常収益力…………………………47
成　長　性…………………………59
成長性分析………………………9, 59
成　長　率…………………………30
設備投資比率 ………………139, 146
増　減　分　析 ………………154, 156
総資産の増減 ……………………156
総　資　本…………………………107
総資本営業ＣＦ比率………………138
総資本回転率 ………48, 74, 78, 87
総資本回転期間……………………88
総資本経常利益率………………39, 58
総資本成長率………………………60
総資本利益率………………………39
その他の剰余金の増減 …………158
損益計算書 …………20, 129, 130
損益計算書等式……………………21
損　益　分　岐　点…………………37
損益分岐点売上高 ………37, 50, 54
損益分岐点図表……………………52
損益分岐点比率 ………………50, 54
損益分岐点分析 ………………37, 49

た行

貸借対照表………………………16, 120
貸借対照表等式……………………17
棚　卸　資　産 ……………………80, 105
棚卸資産回転期間…………………91
棚卸資産回転率 ………79, 82, 90
棚卸資産の増減 …………………157
他　人　資　本 ……………………107, 116
直　接　金　融……………………110
直　接　法…………………………133
適切な在庫管理……………………82
デフォルト(債務不履行) …………108

189

当期純利益……………………21
当座資産………………………105
当座比率……………100,105,114
投資活動によるキャッシュ・フロー
　……………………………132
投資ＣＦ比率 ………………139,146

な行

「2:1の原則」………………103,112

は行

配当金対営業ＣＦ …………141,148
バンカーズレシオ(銀行家比率)…103
1株当たり営業ＣＦ …………141,148
費　　用…………………………20
比率分析………………………154,160
ＰＥＲ(株価収益率)………………141
負　　債…………………………17
変　動　費………………………49
変動費率…………………………50
保証債務………………………184

ま行

メインバンク …………………104,118
目標売上高利益率………………70
目標資本回転率…………………70
目標資本利益率…………………70
目標棚卸資産回転率……………91
目標利益の獲得…………………53

や行

有価証券報告書 …………………7

ら行

利益処分・資本と株価の分析………6,9
流動資産……………101,103,120
流動性配列法……………………19
流動比率…………100,103,112,120
流動比率の比較 ………………161
流動負債……………101,103,120
連結財務諸表 ………………153,155
連単倍率………………………160
連単分析………………………154

<著者紹介>

瀬 戸 裕 司（せと　ゆうじ）

昭和36年横浜生まれ。早稲田大学法学部卒業後，マニュアクチュラース銀行（現チェース・マンハッタン銀行）にて銀行実務に従事。平成元年公認会計士第2次試験合格後，太田昭和監査法人にて監査業務に従事。平成5年公認会計士第3次試験合格後，瀬戸公認会計士事務所設立（所長），㈱マネジメント・ソリューション代表取締役就任。平成7年，税理士登録。㈱マネジメント・ソリューション運営のMSビジネススクール学院長・講師。
会計，税務，監査，公開業務等のクライアント指導の他，簿記，原価計算の専門学校，大学（駒澤大学経理研究所），日経ビジネススクール，日本総研ビジコン㈱，さくら総合研究所㈱，㈱第一勧銀総合研究所，社団法人企業研究会等，実務セミナー講師としても活躍中。特に，業務革新のコンサルティング，起業家育成事業等に関して専門知識を有している。

浅 川 昭 久（あさかわ　あきひさ）

昭和40年東京生まれ。慶應大学商学部卒業。平成元年公認会計士第2次試験合格後，太田昭和監査法人にて監査業務に従事。平成5年公認会計士第3次試験合格。浅川公認会計士事務所設立。㈱マネジメント・ソリューション取締役。㈱マネジメント・ソリューション運営のMSビジネススクール講師。

著者との契約により検印省略

平成13年2月15日　初版発行	やさしく学べる
平成15年12月1日　初版2刷発行	経　営　分　析

著　　者	瀬　戸　裕　司
	浅　川　昭　久
発　行　者	大　坪　嘉　春
製　版　所	松澤印刷株式会社
印　刷　所	税経印刷株式会社
製　本　所	株式会社三森製本所
●装　丁	前川　真一（パイルアップ）

発行所	東京都新宿区 下落合2丁目5番13号	株式 会社　税務経理協会
郵便番号 161-0033	振替　00190-2-187408 FAX（03）3565-3391 URL http://www.zeikei.co.jp	電話（03）3953-3301（編集代表） 　　（03）3953-3325（営業代表）

乱丁・落丁の場合はお取替えいたします。

Ⓒ　瀬戸裕司・浅川昭久　2001　　Printed in Japan

本書の内容の一部又は全部を無断で複写複製（コピー）することは，法律で認められた場合を除き，著者及び出版社の権利侵害となりますので，コピーの必要がある場合は，予め当社あて許諾を求めて下さい。

ISBN4-419-03752-0　C2063